주4일혁명

월·화·수·목·일·일·일

주4일혁명

월·화·수·목·일·일·일

THE 4-DAY WEEK

♦ 4-데이 사피엔스의 행복 혁신 인사이트 ♦

안병민 지음

행복한북클럽
Happy Bookclub

글을
열며

팔은 안으로 굽는다는 옛말

마케팅과 세일즈, 리더십과 조직문화, 디지털과 AI를 아울러 경영혁신의 본질과 뿌리에 대해 쓰고 말하는 게 내 업(業)이다. 기업의 새로운 시도와 도전에 관심이 많은 이유다. 그러다 눈에 들어온 휴넷의 주4일제 실험! 구미가 당겼다. 일의 미래를 가늠해볼 수 있는, 의미와 재미 가득한 프로젝트라는 판단.

하지만 결정을 내리긴 쉽지 않았다. 휴넷의 마케팅임원으로 재직했던 인연 때문이었다. 팔은 안으로 굽는다고, '내부자였던 사람의 입장에서 휴넷의 주4일제를 객관적으로 볼 수 있을까' 하는 일종의 자기검열이었다.

　하지만 동전에는 양면이 있고, 골짜기가 깊으면 봉우리가 높은 법. '내부자'였던 경험이 휴넷을 좀 더 깊이, 좀 더 넓게, 좀 더 멀리 볼 수 있는 눈을 주었다. 휴넷을 떠난 지도 어느새 10년이 넘었으니 내부자라 하기도 민망한 터. 본연의 역할인 '혁신가이드'에 맞춤하여 휴넷이라는 기업의 주4일제 실험을 객관적으로 취재하고, 분석하면 될 일이다. 그 결과로 주4일제라는 혁신 화두에 관심이 많은 비즈니스 리더와 기업들에게 나름의 지혜와 통찰을 줄 수 있으면 될 일이었다. 휴넷의 집필 제안에 'OK' 결정을 내린 건 그래서다.

　주4일제는 단순한 제도 변경으로 되는 일이 아니다. 기업 문화와 일하는 방식의 혁신적 변화가 전제조건이다. 일과 삶의 경계를 넘어서는 도전의 DNA가 필수다. 직장인이라면 누구나 꿈꾸는 균형 잡힌 삶, 그 꿈을 실현하기 위한 휴넷의 주4일제 실험은 기업 경영에 많은 것을 시사한다.

　이 책은 크게 네 부분으로 구성되었다. 각 부분은 주4일제 도입의 다양한 측면을 심도 있게 다룬다. 혁신을 좇는 변화의 순간부터, 주4일제 도입 과정에서 맞닥뜨린 다양한 장애물과 극복 과정, 그리고 이를 통해 발견한 새로운 가능성들을 포괄한다. 전 직원 설문조사 결과와 다양한 인터뷰, 꼼꼼한 데이터 분석을 통해 얻은 영감과 시사점을 함께 다룬다.

1장은 휴넷이 주4일제로 나아가는 과정을 흥미진진하게 펼쳐낸다. '완전히 다른 새로운 휴넷' 선언부터 시작해, 코로나19가 멈춰 세운 주4.5일제의 재개, 그리고 본격적인 주4일제와 '마이 데이'의 탄생까지, 휴넷의 도전은 마치 롤러코스터를 타는 듯 손에 땀을 쥐게 한다. 생산성 향상을 이루기 위한 휴넷의 다양한 노력들을 통해 주4일제라는 실험적인 도전이 혁신의 근원과 맞닿아 있음을 알게 된다.

2장에서는 현대 사회에서 일의 혁신이 왜 필요한지 짚어본다. 우리가 일하는 방식에 대한 근본적인 질문을 통해 근무시간과 장소의 개념을 재정의한다. 탈중앙화 세대의 등장, 긱 이코노미의 확산, 미래 지도의 변화를 통해 주4일제가 시대적 흐름과 같은 방향을 가리킴에 주목한다. '일'과 관련하여, 아니 '일에 대한 우리의 시선'과 관련하여, 현재 우리가 직면한 문제들에 대한 뿌리 차원의 해결책을 살펴본다.

3장에서는 휴넷의 조직문화와 직원 행복 철학을 다룬다. 제도를 넘어 행복경영철학에 기반한 휴넷만의 독특한 조직문화가 주4일제를 가능하게 한 원동력임을 보여준다. 일터를 개인의 성장과 행복이 꽃피는 공간으로 탈바꿈시킬 수 있었던 휴넷의 노력들. 직원들의 솔직한 목소리와 구체적인 사례를 통해, 제도를 이기는 조직문화의 강력한 힘을 생생하게 전달한다.

4장은 일의 미래를 탐구하고 상상하는 장이다. 디지털 트랜스포메이션부터 시작해, 인간과 AI의 협업, 업무 몰입과 채용 브랜드, 그리고 워라밸(work-life balance)을 넘어 워라인(work-life integration)까지, 변화하는 세계 속에서 일의 의미와 형태가 어떻게 진화할지에 대한 흥미로운 통찰을 담았다. 미래 일터에 대한 비전과 함께 현재의 일과 삶의 방식을 되돌아보게 만든다.

각 장의 말미에는 별도의 콘텐츠 박스를 두었다. 휴넷 조영탁 대표의 인터뷰를 통해 주4일제에 대한 리더로서의 철학과 비전을 생생한 목소리로 들어볼 수 있다. '일잘러'가 되기 위한 20가지 비법도 놓칠 수 없는 메뉴다. 일에 대한 철학적 시선에서부터 생산성을 올리는 효율적인 업무 노하우까지, 실용적인 팁들이 가득하다. 내부자의 시선을 담은 문주희 인재경영실장의 HR톡톡은 또 다른 하이라이트다. 자율과 책임이 조화를 이루는 휴넷의 조직문화를 유쾌하게 풀어준다. 절대 놓쳐서는 안 될 콘텐츠는 주4일제 챌린지 백서다. 주4일 혁신의 과정에서 필연적으로 발생할 수밖에 없는, 날 것 그대로의 문제와 대응을 오롯이 담았다.

인류의 역사는 끝없는 진화의 연속이었다. 오스트랄로피테쿠스에서부터 호모 하빌리스, 호모 에렉투스를 거쳐 호모 사피엔스에 이르기까지. 진화의 여정은 현재진행형이다. 이제 우리 앞에는 새로운 물결이 펼쳐진다. 주4일제라는 혁명적 변화다. '4-데이 사피엔스(4-Day Sapiens)'라는 깃발을 들고 이 변화의 선두에 선 이들이 있다. 그들은 일과 삶의 조화를 추구하고, 효율과 몰입의 가치를 일상에서 구현한다. 주4일제라는 새로운 패러다임을 몸과 맘으로 살아낸다. 요컨대, 4-데이 사피엔스는 변화를 주도하는 새로운 인류의 상징이다. 이 책은 그래서, '4-데이 사피엔스'의 행복 혁신 탐구서다.

이 책은 휴넷의 주4일제가 완벽한 성공 사례라고 주장하지 않는다. 오히려 아직 해결해야 할 과제들이 많다는 것을 인정한다. 중요한 것은 끊임없는 변화와 도전이다. 휴넷의 주4일제는 그 과정에서 나온 과감한 혁신 시도다. 이 책은 변화를 추구하는 모든 이들을 위한 소중한 교훈과 영감을 담은, 한 기업의 실험적 도전기다.

주4일제는 단순히 근무시간을 줄인다는 의미를 넘어선다. 우리가 일하는 방식과 우리가 살아가는 삶에 대한, 우리의 관점을 변화시키는 중요한 출발점이라서다. 더 나은 미래를 향한 우리 사회의 작지만 의미 있는 발걸음으로서의 휴넷 주4일제. 이 도전과 실험의 텍스트가 독자들의 일과 삶의 혁신으로 이어진다면 혁신가이드로서, 그리고 이 책의 저자로서 더할 나위 없겠다. 이 행복한 혁신 여정에 함께 할 여러분을 두 팔 벌려 환영한다!

혁신가이드 안영민 쓰다

THE 4-DAY
WEEK

차
례

2장 **일의 방식** 주5일이 정답은 아니잖아!

3장 일과 문화 제도만 만든다고 되는 일이 아니라고!

4장 일의 미래 워라밸을 넘어 워라인으로

1장

월화수목일일일

휴넷의 '주4일 혁명'

변화의 바람이 거세다.
휴넷의 주4일제,
더 나은 일과 삶을 위한 실험이자 도전이다.
힘겹지만 첫 발을 내딛으니
칠흑 같은 어둠이 살짝 가신다.
또 한 발을 나아가니 희부옇게 조금씩 모습을 드러낸다.

직원들의 열정과 회사의 노력이 어우러져,
세상에 없던 길을 조금씩 내어간다.
긍정과 우려가 여전히 교차한다.

휴넷의 일터 혁신은 과연 성공할 수 있을까?
설렘 반 두려움 반.
휴넷의 주4일제, 그 출발점으로 거슬러 올라간다.

주4.5일제:
아레떼 정신으로 완성하다

"그토록 갈망하면서도 두려운 게 변화다. 인간의 본능이다. 휴넷 임원진도 마찬가지였다. 주4일제, 그 혁신의 깃발 앞에서 고민에 빠졌다. 취지는 모두가 공감했다. 일과 삶의 균형, 생산성 향상, 새로운 기업문화 정착. 주4일제가 가져다줄 변화의 바람은 분명 달콤했다. 하지만 가보지 못한 길은 두렵기도 했다. 신중한 논의 끝에 내려진 결정, 주4.5일제의 시행이었다. 완전한 주4일제로 가기 위한 징검다리. 작지만 의미 있는 첫걸음이었다. 2019년, 변화를 향한 휴넷의 여정은 그렇게 시작되었다."

"행복한 직원들이 탁월한 성과를 만든다!"

오래 전부터 갖고 있던 생각이다. 직장인으로서, 그리고 경영자로서 수십 년 경험과 고민 끝에 내린 결론이었다. 자율과 책임의 문화 속에서 직원들이 더욱 행복하게 일할 수 있도록 혁신의 깃발을 들었던 이유다. 주4.5일제! 충분한 휴식과 재충전을 통한 업무 몰입으로 생산성을 높일 수 있다는 믿음이 바탕에 있었다. '행복컴퍼니 휴넷'을 만들겠다는 휴넷 조영탁 대표의 철학이자 도전이었다.

시행만으로 제대로 굴러가는 제도는 세상에 없다. 무엇이든 제대로 뿌리를 내리려면 땅이 중요하다. 성공적인 제도 안착을 위한 토대 얘기다. 휴넷의 주4.5일제도 토대가 필요했다.

바로 '아레떼(Arete)' 정신이다.

'아레떼'는 고대 그리스어로 '탁월성', '우수성', '미덕'을 의미하는 단어다. 단순히 '뛰어나다'는 의미뿐 아니라 '본연의 역할을 다하며 최선을 다한다'라는 의미를 내포한다. 현대식으로 해석하자면 '개인의 잠재력을 최대한 발휘하여 삶의 의미를 찾는 것'이다. 결국 '자기실현'이나 '성장'과 연결되는 개념이다.

이를테면, 스포츠 선수가 자신의 잠재력을 최대한 발휘하여 최고의 성적을 거두는 게 아레떼고, 예술가가 자신의 창의력을 표현하여 아름다운 작품을 창조하는 게 아레떼다. 일상생활에도 아레떼가 있다. 자신의 역할과 책임을 다하며, 바르고 윤리적인 삶을 사는 거다.

"할 일이 남아 있는데도 금요일 12시가 되면 무조건 퇴근하는 게 아닙니다. 금요일 12시 퇴근을 위해, 필요하다면 전날 늦게 퇴근하더라도 반드시 해야 할 업무를 마무리합니다. 줄어든 근무 시간에 맞춰 아웃풋 수준을 타협하지 않습니다. 주4.5일 근무 시에도 고객 WoW 서비스를 놓지 않으며, 고객응대 품질 수준을 유지합니다."

주4.5일제 시행과 함께 공지된, 제도 정착을 위한 휴넷의 원칙이다. 아레떼 정신으로 아웃풋의 수준을 더욱 높여가야 한다는 의미다.

그라운드 룰(ground rule)˙도 공유되었다. 첫째는 업무 몰입과 생산성 높이기다. 가령 이런 것들이다. 일할 때는 더욱 집중하고, 스마트한 소통으로 업무 효율을 높이고, 불필요한 보고 문화를 개선하고.

● **그라운드 룰**: '기본 규칙' 또는 '기본 원칙'을 의미한다. 어떤 활동이나 관계를 시작하기 전에 서로 간에 합의한 규칙이나 원칙을 말한다. 그라운드 룰은 서로의 이해와 협력을 바탕으로 만들어져, 이를 통해 갈등을 예방하고 원활한 의사소통을 도모할 수 있다.

주4.5일제의 핵심은 직원 복지가 아니다. 생산성 제고다. 업무 시간에 더욱 몰입하고 집중하라는 의미다. 그렇게 업무 생산성을 높였다면, 금요일 12시, 눈치 보지 말고 당당히 퇴근해서 충분한 휴식을 취하라는 얘기다. 예전 어느 신용카드 회사의 TV광고 카피 그대로다.

"열심히 일한 당신, 떠나라!"

주4.5일제의 정착을 위한 업무 효율 제고 캠페인! 시작은 ERRC 였다.

먼저 '제거(Eliminate)'다. "이 업무가 정말 필요한가?" 의미가 없는 업무라면 안 하는 게 맞다. 다음은 '감소(Reduce)'다. 업무 프로세스 상 줄여야 할 부분이 없는지 살펴 과감하게 줄이는 거다. '증가(Raise)'도 있다. 추가해서 업무 퀄리티가 더 올라갈 수 있다면 더해야 한다. 마지막은 '창조(Create)'다. 기존에 없던, 새로운 방식의 시도다. 일은 '인풋'이 아니라 '아웃풋'이 중요하다. 그런데도 사람들은 '열심히' 일했다 강변한다. 인풋에 맞춘 항변이다. 포인트는 아웃풋이다. '열심히'에 방점을 찍을 게 아니다. '스마트한 업무 방식으로' 목표했던 아웃풋을 내놓아야 한다.

회의도 스마트하게 바꾸었다. 대부분의 직장인이 출근해서 가장 많은 시간을 쓰는 업무 중 하나가 회의다. 직급이 높다면, 종일 회의만 하는 날도 심심찮게 있다. 휴넷은 스마트한 회의를 위해 네 가지를 체크한다. 먼저, 회의의 필요성이다. 모든 회의가 반드시 필요한 건 아니다. 회의 소집 전 그 목적과 필요성을 명확히 검토해야 하는 이유다. 두 번째는 회의 참석 인원의 적절성이다. 회의에는 관련성이 높은 핵심 인원만 참석해야 한다. 불필요한 인원의 참석은 회의의 효율을 저하시킨다. 세 번째, 회의 시간 준수다. 약속된 시간을 엄수하는 것은 참석자들의 시간을 존중하는 태도다. 회의의 효율성도 당연히 올라간다. 마지막은 회의록이다. 회의록 작성과 공유는 회의 효과 극대화에 필수적이다. 회의 내용을 정확하게 기록하고, 끝난 후 참석자들에게 공유함으로써, 내용을 명확히 하는 거다. 이는 추후 행동 계획으로도 이어진다. 회의록은 회의의 핵심 사항과 결정 사항, 향후 조치 사항 등을 포함해야 한다.

"회의 방식을 바꾸고는 진짜 좋아졌어요. 일단 불필요한 회의가 줄고 필요한 멤버들만 모이니까, 효율이 확 올라갔죠. 시간도 딱 지키니까 다들 더 집중하고, 회의록 공유로 끝나고 나서도 무슨 얘기했는지, 앞으로 뭘 해야 하는지 한눈에 파악하기 쉬워졌어요. 그냥 버리는 시간이 진짜 많이 줄었어요."

다음은 보고다. 불필요한 보고 문화 개선. '업무는 곧 보고'라 해도 과언이 아니다. 보고를 위해서는 보고 자료를 만들어야 한다. '성과를 위한 보고'는 어느새 '보고를 위한 보고'가 된다. 문제는 또 있다. '상사의 마음에 드는 자료'와 '진짜 성과를 위한 자료'는 전혀 다른 개념이다. 수많은 직장인들이 성과를 위해서가 아니라 상사를 위해서 보고자료를 작성한다. 목적지는 이쪽인데, 외려 저쪽으로 달려가느라 힘을 다 뺀다.

휴넷은 PPT자료부터 최소화했다. 보기에 예쁜, 상사가 좋아하는 자료가 아니라 성과와 핵심에 초점을 맞춘 자료를 핵심만 담아 짧게 작성한다. 보고자료 만들 시간에 '진짜 일'을 하라는 거다.

"예전엔 보고 자료 만드는 데 엄청 시간 쏟았거든요. 근데 이젠 핵심 내용만으로 5장 이내. 덕분에 시간 낭비 줄고, '진짜 일'에 더 많은 시간을 할애할 수 있게 됐어요. 성과와 핵심 위주로 간결하게 보고하니까 소통도 훨씬 명확해졌어요."

아레떼에 기반한 새로운 시도들이 꼬리를 물고 이어졌다. 단순한 업무 방식의 변화가 아니다. 직원들의 업무 태도와 조직문화에 영향을 미치는 혁신이다. 직원들은 더욱 책임감 있게 일하게 되었다. 보다 목적지향적으로 일하게 되었다. 개인의 성취감과 함께 조직 전체의 생산성 향상으로 이어지는 과정이다. 그렇게 확보한 시간들은 직원들의 워라밸(work - life balance) 향상에 기여한다. 충분한 휴식과 개인 시간은 창의력과 집중력을 높이는 원동력이 된다. 업무 효율성이 안 올라간다면 이상한 거다.

**

아레떼 정신은 자신의 역할에 탁월함을 보이는,
진정한 자기실현의 길이다.

불필요한 것을 버려라.
업무 방식의 혁신은 핵심에 집중하는 것에서 시작된다.

직장 내 독버섯 제거하기:
탁월한 동료는 최고의 복지

주4.5일제도 직원들의 자율과 책임이 전제다. 하지만 어디든 독버섯은 자란다. 부정적이고 냉소적인 직원, 적당히 묻어 가려는 무임승차 직원(free-rider), 책임감 없이 자율을 악용하는 직원들이 그들이다. 하지만 빈대 잡으려다 초가삼간 태울 순 없다. 감시와 징계로 해결될 일이 아니다. 이런 직원들이 발붙이기 힘든 조직문화를 만들어야 한다. '프로들이 일하기 좋은 회사' 말이다.

프로는 누가 시켜서 하는 사람이 아니다. '탁월한 동료가 최고의 복지'라 믿는 이들 사이에서 독버섯은 자라나기 힘들다. 자율과 책임의 문화는 그렇게 꽃을 피운다.

2017년부터 시행했던 무제한 자율휴가제도 손을 보았다. 필요하다면 언제든, 얼마든, 휴가를 갈 수 있다. 다만, 휴가를 사용할 때는 상위 리더와 사전에 협의해야 한다. 필요하다면 협업하는 동료들과도 사전에 공유해야 한다. 사전 공유가 되지 않은 돌발 연차나 반차는 금물이다. 성과 없이 휴가만 많이 쓰는 경우, 그에 합당한 피드백이 따른다.

휴가 숫자로 직원을 통제하지 않겠다는 경영철학. 시간에 대한 스스로의 통제권을 부여함으로써 직원에 대한 회사의 신뢰를 보여주는 거다. 내게 주어진 정당한 권리인 휴가마저 눈치를 보며 '가니 마니' 하는 회사들이 아직도 차고 넘친다. 휴넷은 다르다. 스스로의 책임 하에 자유롭게 휴가를 쓴다. (2022년, 주4일제를 도입하면서 무제한 휴가제는 폐지하였다.)

혼자 일한다면 자율에는 한계가 없다. 혹은 적다. 조직이라면 다른 얘기다. 동료들과 함께 해야 하는 일에 무제한 자율은 어불성설이다. 내가 아무리 잘해도 동료가 잘못하면 성과는 요원하다. 휴넷은 동료와의 시간 약속을 중요시한다. 이를테면, 약속된 회의는 시작 시간 5분 전에 도착해야 한다. 나의 지각은 회의에 참석한 모든 이들의 시간을 갉아먹는다. 열 명이 참석하는 회의가 나 때문에 시작을 못하고 있었다면 늦어진 시간에 곱하기 10

을 해야 하는 거다.

"진짜, 기획팀에서 일이 늦어지면 우리한텐 엄청난 불구덩이가 열리는 거에요. 우리 일정은 완전 뒤로 밀리고, 밤샘 작업이 필연으로 따라오잖아요. 물론 저도 알죠. 일을 하다 보면, 마음과 다르게 어려울 수도 있다는 건. 그래도 좀 더 소통하고, 함께 한 약속이니까 일정을 지키려는 노력을 보여줬으면 좋겠어요. 그냥 밀어붙이기만 하면, 결국 프로젝트 전체가 엉망이 되니까요."

업무 마감도 마찬가지다. 모든 프로젝트에는 일정이란 게 있다. 정해진 일정을 각 팀들이 쪼개어 써야 하는 거다. 그런데 기획팀에서 기획안을 깔고 앉아 있으면 고생은 다음 팀들 몫이다. 그러니 함께 정한 업무 일정은 하늘이 쪼개져도 지켜야 한다. 설령 지켜지지 못하더라도 지키려는 노력만큼은 진심이어야 한다.

직장 생활은 혼자 하는 일이 아니다. 시간을 지킨다는 건 효과적인 협업을 위한 기본적인 전제다. 동료에 대한 예의다. 각자가 자신의 역할을 성실히 수행할 때, 조직의 효율성과 성과는 자연스레 올라간다. 근무시간 단축이나 자율휴가제 도입이 중요한 게 아니다. 이 모두를 뛰어넘는 문화적 전환이 핵심이다.

프로들의 조직은 동료의 시간과 노력을 존중할 때 비로소 완성

된다. 동료에 대한 존중과 배려가 부메랑처럼 나에게 되돌아온다. 부정적이고 냉소적인 이들은 점점 도태된다. 서로를 존중하며 성과를 내는 직원들이 중심이 되어 조직을 이끈다. 문화가 전략을 이긴다 했다. 이게 조직문화의 힘이다.

우리 조직은 프로의 조직인가? 프로 조직을 만들기 위한 우리의 문화는 건강한가? 수많은 조직들이 직면한 과제다. 조직의 미래를 위해 풀어야 할 숙제다.

***

탁월한 동료들로 이루어진 조직에서
독버섯은 살아남기 힘들다.
자율과 책임의 문화를 만들어라.

동료의 시간을 존중하는 것이 진정한 협업의 시작이다.
개인의 노력이 모여 조직의 성공을 이룬다.

3

코로나19가 멈춰 세운
주4.5일제의 재개

'지옥으로 향하는 길은 선의로 포장되어 있다(Road to hell is paved with good intentions)'는 서양 속담이 있다. 아무리 좋은 뜻으로 시작한 제도도 부작용이 있을 수 있다. 새로운 제도 시행에 신중해야 하는 이유다.

휴넷도 주4.5일제 시행에 단계를 두었다. 전사 시범운용안을 공지했던 게 2019년 10월 11일, 창립 20주년 행사 때였다. 10월 15일부터 열흘간 시범운용팀 모집 및 선정 작업이 진행되었다. 최종 선정된 팀이 두 달간 시범운용에 참여했다. 전사 도입 여부는 2020년 1월에 결정하기로 했다. 세부사항도 꼼꼼하게 살폈다. 시범운용대상, 시범운용방안, 시범운용기간 등 다양한 이슈들을 세밀하게 챙겼다.

아무도 예상 못한 일이 벌어졌다. 코로나19 얘기다. 2020년은 코로나19와 함께 시작되었다. 처음에는 메르스, 사스처럼 잠시 그러다 말 줄 알았다. 그런데, 아니었다. 코로나19의 위세는 수그러들 줄 몰랐다. 감염의 위험성과 전파 속도에 대한 정보도 태부족했다. 불확실성과 공포가 팽배했다. 우리는 한 번도 경험하지 못한 세상을 살게 되었다. '호모 마스쿠스'라 불리며, 마스크로 얼굴을 가리고 다녀야 했던 우리다. 한 치 앞이 보이지 않던 시절이었다.

휴넷의 주4.5일제도 멈춰 섰다. 끝없는 터널을 지나는 느낌. 속절없이 시간만 흘렀다.

'아프니까 청춘'이라는 그 유명한 표현을 빌자면, '적응하니까 인간'이다. 상상도 못했던 세상, 하지만 이내 사람들이 적응하기 시작했다. 두려움의 안개가 조금씩 걷혀갔다. 그래, 이 없으면 잇몸으로도 살 수 있다. 사람들은 잇몸으로 세상을 사는 방법을 개발하고, 활용했다. '콘택트(접촉)'가 아니라 '온택트(비대면 접촉)'의 방식이었다.

많은 기업들이 재택 근무를 도입했다. 클라우드 기반의 협업 도구와 커뮤니케이션 소프트웨어가 인기를 끌었다. 온라인 회의와 협업, 비대면 프로젝트 관리와 문서 공유 등이 활성화되었다. 학교의 변화도 컸다. 대면 수업 대신 온라인 수업을 실시했다. 강의는 실시간 스트리밍 또는 녹화된 비디오로 제공되었다. 학생들은 학교가 아니라 인터넷이 연결된 곳이라면 어디서든 수업에 참여할 수 있게 되었다.

소비의 방식도 달라졌다. 감염 우려 때문에 외식이 줄자 배달 음식 수요가 크게 늘었다. 음식점들은 온라인 주문 시스템과 배달 서비스를 강화했다. 앱을 통한 음식 주문은 일상이 되었다. 쇼핑도 온라인으로 전환되어 전자상거래 플랫폼 이용률이 크게 증가했다. 문화, 예술, 엔터테인먼트 산업도 온택트 방식을 도입했다. 콘서트, 전시회, 영화 등이 온라인 플랫폼을 통해 스트리밍되었다. 사람들은 거실 소파에 편히 앉아 다양한 콘텐츠를 즐길 수 있게 되었다. 이 외에도 코로나19가 빚어낸 생활 방식의 변화는 이루 말할 수 없다. 새로운 세상에 사람들은 그럭저럭 적응해 나갔다. 디지털의 힘이다.

코로나19는 휴넷에게도 충격이었다. 잡혀 있던 교육일정이 줄줄이 취소되었다. 매출과 수익은 급전직하했다. 개인이든 기업이든 교육이 중요한 상황이 아니었다. 잠깐이라면 교육도 좀 미루었다 나중에 다시 하면 될 일. 문제는 코로나19가 끝날 기미가 안 보인다는 거였다. 기업들이, 사람들이 온라인 교육을 찾기 시작한 이유다. 교육 콘텐츠의 디지털화. 이러닝 플랫폼 사용이 급증했다.

온라인 교육 플랫폼으로서의 휴넷에게는 새로운 도전이자 기회였다. 봄에 멈췄던 휴넷의 주4.5일제는 그해 가을, 재개됐다.

"코로나19 비상경영으로 잠시 중단되었던 주4.5일제를 2020년 10월 16일부로 재개합니다. 우리가 주4.5일제를 시행하는 이유는, 휴넷인 모두가 자율 책임의 문화 속에서 더욱 행복하게 일하고, 탁월한 성과를 낼 수 있다고 신뢰하기 때문입니다. 충분한 휴식과 재충전을 통해 업무시간에 더욱 몰입해 일하고 생산성을 높일 수 있다고 믿기 때문입니다. 우리는 인풋이 아닌 아웃풋으로 승부합니다. 주4.5일제가 성공하기 위해서는, 우리 모두 아레떼 정신으로 아웃풋 수준을 더욱 높여가야 합니다. 줄어든 근무시간에 맞춰 아웃풋 수준을 타협하지 않아야 합니다. 자율 속에서 자신의 시간과 성과에 대해 책임지는 프로들이 일하기 좋은 회사, 행복 컴퍼니 휴넷 함께 만들어 가자고요!"

휴넷 인재경영실이 띄운 공지다.

*
**

새로운 제도의 시행에는 예기치 못한 변수가 존재한다.
신중하게 검토하고, 단계 별로 도입하라.

위기의 순간에도 기회는 존재한다.
기업의 생존과 성장의 비결?
혁신이다!

변화를 위한
혁신의 주사위를 던지다

휴넷 임원회의실, 시계의 초침 소리마저 긴장감을 더했다. 테이블 위에는 주4일제 도입에 대한 안건이 올려져 있었다. 임원들의 얼굴은 굳어 있었다. 회의가 시작되자마자, 반대 의견이 쏟아져 나왔다. 시작부터 분위기가 달아올랐다.

"지금 경영 환경이 너무 불확실합니다. 코로나19로 인해 시장의 변동성이 커졌고, 우리 회사도 어려운 상황인데 이런 시기에 근무시간을 줄이는 것은 너무 위험한 결정이 될 수 있습니다."

재무담당 임원의 목소리에는 우려가 가득했다.

"저도 같은 생각입니다. 업무시간이 20%나 줄어드는데, 과연 생산성을 유지할 수 있을까요? 오히려 업무 부담이 가중되어 직원들의 사기가 떨어질 수 있습니다. 또한 고객 대응에도 어려움이 생길 수 있어 매출에 직접적인 타격을 줄 수 있습니다."

영업담당 임원의 말에도 불안감이 서려 있었다.

"팀 운영 측면도 많은 혼란이 예상됩니다. 업무 일정과 인력 관리가 더욱 복잡해질 텐데, 이에 대한 대책은 있는 건가요? 커뮤니케이션 과정에서도 혼선이 빚어질 가능성이 높아 보입니다. 인프라 측면에서도 이에 맞는 변화가 필요할 것 같네요."

IT담당 임원의 말이 끝나자, 회의실 공기는 더욱 무거워졌다. 대표는 흔들리지 않았다. 그의 눈빛은 더욱 결연해 보였다.

"변화 없이는 발전도 없습니다. 우리가 시대 흐름을 앞서가야 합니다. 주4일제는 단순한 근무시간 줄이기가 아닙니다. 직원들의 삶의 질을 높이고 회사의 경쟁력을 강화하는 전략입니다. 여러분은 얼마나 집중해서 일하나요? 관건은 '시간의 양'이 아닙니다. '시간의 밀도'입니다. 주4일제를 생산성 향상의 도구이자 기회로 활용해야 합니다!"

어조는 차분했지만 그의 말은 강렬했다. 회의실은 정적에 휩싸였다.

"몰입해서 일하면, 생산성은 자연스레 올라갑니다. 이것이 바로 우리가 추구해야 할 길입니다."

대표 스스로 몰입해서 일 할 때와 아닐 때의 차이를 뼈저리게 느꼈었다. 어영부영 5일 일 하느니 몰입해서 4일동안 하는 게 훨씬 효과적이라는 것을 몸소 체험한 바 있었다. '내가 된다면 직원들이라고 안 될 이유가 없다. 내가 할 수 있다면 직원들도 분명 해낼 수 있을 것이다.' 회의는 계속되었고, 임원들의 생각에도 조금씩 변화가 일기 시작했다. 대표의 확고한 비전과 철학이 조금씩 스며들고 있었다.

"저는 이 변화가 우리에게 기회가 될 수 있다고 봅니다. 주4일제를 통해 직원들에게 더 나은 워라밸을 제공하고, 그들의 몰입도를 높인다면 오히려 생산성 향상의 계기가 될 수 있습니다. 또한 우수 인재 확보에도 도움이 될 것입니다. 우리 회사가 선도적으로 이 제도를 도입한다면 기업 이미지 제고에도 상당한 효과가 있을 것으로 기대됩니다.”

대표의 말이었다. HR담당 임원이 말을 이었다.

“세상은 계속 변합니다. 주5일제가 처음 도입될 때도 많은 논란이 있었어요. 하지만 지금은 주5일제가 표준입니다. 우리가 주4일제를 선도하면, 머지않아 이게 또 새로운 표준이 될 지도 모릅니다.”

다른 임원들도 하나 둘 고개를 끄덕이기 시작했다. 이후 회의는 주4일제가 가져올 긍정적인 변화에 대한 토론으로 이어졌다. ‘생산성 향상, 직원 만족도 증가, 기업 이미지 상승….’ 우려는 어느새 새로운 기회의 가능성으로 바뀌고 있었다.

회의가 마무리될 즈음, 대표는 다시 한번 강조했다.

“주4일제는 우리가 미래로 도약하기 위한 디딤돌입니다. 모든 임원들이 앞장서서 이 변화를 이끌어야 합니다. 우리에겐 이미 주4.5일제를 성공적으로 운영한 노하우가 있습니다. 그 경험을 발판 삼아 또 뛰어봅시다.”

임원들의 얼굴에서 도전의 의지가 엿보였다. 대표의 소신과 철학 덕분이었다. 대표의 리더십이 빛을 발한 덕분이었다.

'월급은 100% 받고, 근무시간은 80%로 줄이면서, 성과는 100% 내자'는 100-80-100 프로젝트인 휴넷의 주4일제 모델이 그렇게 잉태되고 있었다. 주4일제를 향한, 아니 미래 직장 문화의 새로운 지평을 열게 될 작지만 의미 있는 첫걸음이었다.

주4일제라는 혁신 실험! 주사위가, 던져졌다.

***

변화의 시대에는 과감한 혁신 실험이 필요하다.
새로운 도전에 따르는 위험을 감수할 용기가 미래를 결정한다.

리더의 확고한 비전과 철학이 조직을 변화시킨다.
리더의 신념이 혁신을 빚어낸다.

5

완전히 다른,
새로운 휴넷 선언

"여러분을 믿고, 역발상의 승부수를 던집니다!"

2021년 12월 2일. 휴넷의 2022년 새해 전략을 공유하던 전사 워크숍 자리였다. 2020년 1월에 시작된 코로나19가 끝이 없는 터널처럼 캄캄하게 이어지던 시절. 환경의 불확실성은 최고조였다. 성장은커녕 현상 유지도 쉽지 않은 상황이었다.

휴넷은 주4일제 시행을 선언했다.

어찌 보면 무모한 도전이었다. 처음부터 묵직한 어퍼컷이나 훅

한 방을 노린 건 아니었다. 정교한 잽을 지속적으로 날렸다. 다양한 실험 끝에 해 볼만 하다는 결론에 다다른 거다. 무모해 보였지만, 결코 무모하지 않은 도전이었던 셈이다.

시차 출퇴근제를 도입한 게 2014년이었다. 8시, 9시, 10시 등 각자의 상황과 라이프스타일에 맞춰 출퇴근 시간을 선택하게 했다. 육아, 자기계발, 장거리 출퇴근 등 그동안 직원들을 괴롭히던 많은 문제들이 하나둘 해결되었다. 2017년엔 더 과감한 도전이 이어졌다. 무제한 자율휴가제의 시행이었다. 원하는 시기에 원하는 기간만큼 자유롭게 휴가를 쓸 수 있는 제도다. 직원들의 자율성은 한층 더 높아졌다. 주4.5일제는 2019년도에 시작되었다. 금요일은 오전만 근무하고 퇴근하는 거다. 일찍 퇴근해 소중한 사람들과 시간을 보내거나 자기계발에 매진할 수 있게 된 거다.

이 모든 변화가 하루아침에 뚝딱 이루어진 게 아니다. 끊임없는 고민과 도전의 결과였다. 오랜 시간 이어져 온 혁신의 조직문화가 밑거름이 되었다. 직원들의 행복과 성장을 최우선으로 여기는 휴넷의 행복경영철학이 바탕이었다.

"우리는 항상 직원들의 행복과 생산성을 가장 중요하게 생각해 왔습니다. 이번 주4일제 도입은 여러분들이 일과 삶의 균형을 찾고, 더 높은 성과를 낼 수 있도록 돕기 위함입니다. 더 효율적으로 일하고, 더 많은 휴식을 취할 수 있는 기회를 제공하려 합니다."

휴넷의 목표는 명확했다. 단순히 '편한 회사'를 만들겠다는 게 아니라 충분한 휴식과 몰입으로 생산성을 높이겠다는 취지였다. '다니기 편한 회사'가 아니라 '일하기 좋은 회사'를 만들겠다는 얘기다. 몰입을 통한 탁월한 성과를 창출하기 위한 휴식과 재충전에 대한 인식 변화. 쉴 때 제대로 쉬고, 일할 때 제대로 일하자는 게 주4일제의 시행 배경이었다.

"드디어 꿈이 현실이 되는 거네요! 3일 연속 휴일이라니 상상만 해도 행복해져요. 그동안 미뤄왔던 캠핑, 여행 계획도 세워볼 수 있겠어요. 금요일은 온전히 나를 위한 날로 만들 거예요. 영화도 보고, 책도 읽고, 운동도 할 거예요. 월요일이 기다려질 것 같아요. 완전히 리프레시된 상태로 출근할 수 있을 테니까요." - A선임

"워라밸이 확실히 달라질 것 같아요. 아이들과 보내는 시간도 더 늘릴 수 있겠죠. 그동안은 주말이 너무 짧다는 생각이 들었거든요. 금요일 휴무로 가족들과 푸근한 시간을 보낼 수 있을 것 같아요. 평일에는 업무에 더 집중할 수 있을 것 같고요. 회사 생활의 질이 확 달라질 것 같아요." - B수석

"저는 솔직히 업무 강도가 걱정돼요. 5일치 일을 4일 안에 해내야 한다는 압박감…. 지금도 빡빡한데, 하루가 더 줄어들면 어떻게 될지 모르겠어요. 퇴근 후에도 일해야 하는 건 아닐까요? 저만 그런 걱정하는 건 아니겠죠?" - C책임

"고객 대응이 문제예요. 금요일에 문의가 들어오면 월요일에나 처리할 수 있게 되는 거잖아요? 업무 연속성도 끊길 것 같고. 긴급한 상황에는 어떡하죠? 주말에 연락을 해야 할까요? 업무 효율성 면에서도 의문이에요. 오히려 금요일에 맘 편히 쉬기 힘들 것 같은데요." - D팀장

기대감과 우려가 교차했다.

"휴넷은 아마추어가 일하기 힘들고, 프로가 일하기 좋은 회사입니다. 프로는 매사에 자율, 책임, CEO마인드로 임합니다. 남과 비교하거나 동료를 의식하지 않고 스스로의 시간과 성과에 대해 책임감을 가지고 일합니다. 우리는 휴넷인 모두가 성숙한 어른으로 시간과 성과에 대해 책임감을 가지고 일할 것이라 믿습니다. 주4일제는 성숙한 휴넷인을 신뢰하며 자율 책임 문화를 더욱 강화하겠다는 선언입니다." - 인재경영실

설립 20주년을 앞둔, 'Totally Different New Hunet'의 시작이
었다.

⁎

혁신은 단번에 이루어지지 않는다.
작은 실험과 도전들이 모여 커다란 변혁을 이룬다.

구성원에 대한 신뢰와 자율성 부여가
조직문화 혁신의 핵심이다.

6

100-80-100 프로젝트:
주4일 혁명의 닻이 올랐다

2022년 1월. 시범운용을 통해 드디어 주4일제의 닻이 올랐다. 2020년 10월 재개된 주4.5일제 이후 벌써 근 1년 반이 흘렀다. 될까, 했던 많은 것들이, 해보니 되었다. 자신감이 붙었다. 주4.5일 근무하는 것과 주4일 근무하는 건 전혀 다른 얘기일 수 있다. 그래도 해보지 않으면 알 수 없는 일. 혹여 잘못되면 다시 무르면 될 일이었다. 그만큼 면역 체계가 단단해진 거다. 물론 이번에도 시작은 시범운용이었다.

주5일의 근무일 중 일하는 날이 하루 줄면 단순 계산으로는 생

산성이 20% 떨어진다. 거기에 맞추려면 월급도 20% 줄이면 된다. 하지만 휴넷의 주4일제는 다르다. 월급은 건드리지 않고 보전한다. 그러니 회사 입장에서는 직원들의 생산성을 올려야 계산이 맞는다. 80%의 근무시간으로 100%의 업무 성과를 내야 한다는 얘기다. 이름하여 '100-80-100' 프로젝트다. 근무일은 80%로 줄이면서도 급여와 생산성은 기존의 100%를 유지한다는 게 골자다.

본격적인 주4일제 도입을 위해서는 철저한 사전 준비가 필요하다. 이론과 실제가 같을 수 없어서다. 6개월간의 시범운용기간을 잡았다. 이후 개선 사항을 도출하고 그에 맞춘 개선안을 만들기 위해서다. 전 부서가 돌아가며 4주 동안 주4일제를 시범운용했다.

시범운용이니만큼 시행착오는 필연적이다. 관건은 시행착오의 최소화. 제도 안착을 위한 그라운드 룰도 공유했다.

- 향후 지속적으로 주4일 일하더라도 주5일 일하는 이상의 성과를 내고 성장할 수 있도록, 시범운용기간 동안 생산성 이슈 파악 및 대응방안 등을 함께 적극 찾고자 노력합니다.
- 주4일제 시범운용기간에도 탁월한 성과, 고객매우만족, 협업의 수준은 절대 타협하지 않습니다.
- 같은 업무를 4일 안에 진행하려면 높은 생산성과 업무 몰입이 필수적입

니다. 이를 위해 생산성 향상 방안을 지속 모색합니다.

- 시범운용기간 중 가능한 한 주4일제 활용을 적극 권고하나, 상황이나 필요에 따라 자율적으로 출근 또는 재택근무를 할 수도 있습니다.
- 주4일제 사용일을 부서 및 협업자들에게 사전 공유합니다.
- 업무 공백 및 협업 문제가 발생되지 않도록 팀내 업무 백업 체계를 구축하고 공유합니다.

예컨대, 협업 이메일의 누락 방지를 위해 팀 공용 메일을 항상 참조로 설정한다거나 파트 내 대체 업무 대응을 위해 공용 파일 서버에 작업 파일을 업로드하는 거다. 휴무 일정도 공유토록 했다. 사내 메신저 프로필에 자신의 근무시간을 명기한다든가 공유 캘린더에 휴무일을 기입하는 식이다.

직원들의 반응은 둘로 나뉘었다. 상대적으로 젊은, 주니어 직원들은 주4일제의 도입에 열광했다. "드디어 삶과 일의 균형을 맞출 수 있게 되었어!" 그들의 대화는 기대와 설렘으로 가득했다. 주말을 앞당겨 여행을 가거나 새로운 취미를 시작하기 위한 계획들이 쏟아졌다. 이들에게 주4일제는 내 삶을 더욱 풍요롭게 만드는 새로운 기회다.

반면, 팀장급 이상의 리더들 사이에서는 우려의 목소리가 높았다. "업무 진행에 차질은 없을까?", "팀원들의 업무 부담이 커지진 않을까?" 리더들은 효율적인 업무 관리와 팀원들의 복지 사이, 그 어디쯤 있을 균형점을 찾기 위한 고민에 빠졌다. 그들에게 주4일 제는 새로운 도전이자 리더십 시험의 무대였다.

아닌 게 아니라, 다양한 의견들이 쏟아져 나왔다. 일부는 주4일 제에 대한 기대감을 표현했다. 일부는 운영의 실질적인 문제에 대한 우려를 표했다. 특히 프로젝트 기반 팀과 고객 접점 부서는 일정 관리와 고객 응대에 대한 걱정이 컸다.

인재경영실도 마찬가지였다. 쉽지 않은 도전임을 알기에 마냥 설레기만 할 순 없었다. 하지만 새로운 변화에 대한 기대가 더 컸 다. 긍정적인 변화 쪽에 방점을 찍었다.

"주4일제 도입이 쉽지는 않겠지만, 인사 제도 전반을 점검하고 직원들의 수용성을 높이는 데 집중해야 할 것 같아같아요", "장 기적으로는 직원 만족도와 몰입도, 생산성이 높아질 거예요. 인 재 확보에도 도움이 될 거고요", "직원들의 목소리에 더 귀 기울 이고, 해결 방안을 함께 모색해야 해요. 제도적 뒷받침도 잘 해야 하고요. 함께 새로운 미래를 만들어 가보자고요!" ….

이왕 내디딘 발걸음이니 이젠 목적지까지 제대로 잘 가는 게 중요한 법. 그들은 주4일제를 통해 직원들의 업무만족도와 팀워 크를 높이는 방안을 모색하기 시작했다.

시범운용이긴 했지만, 주4일제의 닻을 올렸다. 100-80-100 프로젝트의 시작이었다. 기존에 근무하던 주5일 중 추가로 쉬게 된 하루를 '마이 데이(My Day)'라고 부르기로 했다. 어느 누구의 날도 아닌, 그야말로 진짜 '나의 날'이 새로 주어진 거다.

**

변화는 계획만으로 완성되지 않는다.
철저한 사전 준비와 시행착오를 통한 개선이
변화 정착의 핵심이다.

구성원들의 목소리에 귀 기울이는,
공감과 소통의 해법 모색이
변화의 동력이다.

7

산을 만나면 길을 내고, 물을 만나면 다리를 놓고

세월은 쏜살같다. 이러니 저러니 말도 많았지만 6개월에 걸친 휴넷의 주4일제 시범운용이 끝이 났다. 계획을 세웠으면 실행해야 하고, 실행을 했으면 효과를 살펴야 한다. 효과가 있었다면 강화하고, 문제가 있었다면 보완해야 한다.

"주4일제 시행 후 워라밸이 확실히 좋아진 것 같아요. 주말이 하루 더 늘어나니까 개인적인 시간도 더 많이 갖게 됐어요. 충전된 에너지로 업무에 임하니 더 효율적으로 일할 수 있더라고요."

"마이 데이가 생기고 나니 자기계발에 더 많은 시간을 투자할 수 있게 됐어요. 늘 배우고 싶었던 것들을 맘 속에만 담아두었는데, 이번에 시작했어요. 이런 기회를 준 회사에 감사한 마음이에요."

"고객 응대에 대한 걱정이 컸는데, 오히려 고객 만족도가 높아진 것 같아요. 휴일이 늘어난 만큼 직원들이 더 친절하고 세심하게 고객을 대할 수 있게 된 것 같거든요."

"아이들과 보내는 시간이 늘어나 정말 좋아요. 주말마다 가족과 소중한 추억을 쌓고 있어요. 아이들도 엄마, 아빠가 많이 바뀐 것 같다며 좋아하더라고요."

"짧아진 업무시간 탓에 처음엔 조급함도 있었는데, 오히려 그게 팀 내 소통을 활성화하는 계기가 된 것 같아요. 업무 우선순위를 함께 정하고, 서로의 진척 상황을 수시로 체크하면서 협업하게 되더라고요. 덕분에 팀 분위기도 더 좋아졌어요."

주4일제의 긍정적인 측면에 대한 직원들의 얘기다. 충분한 휴식을 통한 업무 몰입도 상승, 팀내 소통 증가를 많이들 꼽았다. 물론 부정적인 측면에 대한 얘기도 있었다.

"협업이나 업무 백업 과정에서는 문제가 좀 있더라고요. 휴무일이 다르면, 연락하기 힘들고, 급한 업무가 생겨도 바로 대응하기 어려웠죠. 업무 공백을 막기 위한 대화가 더 많이 필요할 것 같아요. 참, 휴가 계획을 세우고 공유하는 과정도 다소 복잡해졌어요."

"팀원들이 서로 다른 날 쉬다 보니 업무 백업이나 협업에 어려움이 있었어요. 특히 긴급한 상황에서는 누가 업무를 처리해야 할지 혼란스러웠죠. 이런 부분에 대한 명확한 기준이 필요할 것 같아요."

주4일제를 시행함에 있어 쉬는 날이 다 다르다 보니 생겨나는 문제점이었다. 협업과 소통의 진공 상태가 생길 수밖에. 중요한 건 업무 생산성과 몰입도였다. 주4일제 시행에 따른 변화나 차이가 있냐는 물음에 직원들은 이렇게 답했다.

"업무집중도가 높아진 것 같아요. 4일 동안 일하는 만큼 시간 관리를 더 철저히 하게 되더라고요. 덕분에 불필요한 야근도 줄고, 생산성도 오른 느낌이에요. 전반적으로는 긍정적인 변화라고 생각해요."

"우리 팀은 업무시간을 조금씩 조정했어요. 일찍 시작하거나 늦게 끝내기로 해서 근무일에 집중도를 높였죠. 쓸데없이 자리를 비우는 경우도 줄어들었고요. 그러다 보니 업무 효율성이 올라갔습니다. 온라인 커뮤니케이션이 활성화되면서 팀원 간의 소통도 늘었어요."

업무 방식의 긍정적인 변화. 생산성을 높이기 위해 각 부서별로 나름의 최적해를 찾아가는 과정이랄까. 직원에 대한 회사의 믿음에 대한 직원들의 화답이었다. 맞다, 그들은 성숙한 어른이었다. 실제 생산성 변화에 대한 질문에 '높아졌다'는 대답이 41.8%로 나왔고, '매우 높아졌다'는 대답이 16.8%로 뒤를 이었다. '비슷하다'라는 대답이 31.8%이니, 긍정적인 답변이 거의 절대적이다. '낮아졌다'와 '매주 낮아졌다'는 부정적인 답변은 10%가 채 되지 않았다.

시범운용을 통해 많은 것들이 드러났다. 해보지 않았으면 절대 알 수 없었을 이슈들. 동전에 양면이 있듯, 긍정과 부정의 측면들이 함께 수면 위로 떠올랐다. '봉산개도 우수가교(逢山開道 遇水架橋)'라 했다. 산을 만나면 길을 내고, 물을 만나면 다리를 놓으면 될 일이다. 넘으라고 있는 게 장애물이다. 장애물을 넘기 위한 인재경영실의 회의가 이어졌다.

"주4일제 시범운용 결과를 보면 직원들의 만족도가 높아요. 워라밸 향상, 자기계발 기회 증대, 가족과의 시간 확대 등 긍정적인 변화가 많았죠. 하지만 협업과 소통 측면에서는 좀 더 세심한 점검과 개선이 필요해 보여요. 특히 직원마다 휴무일이 다른 만큼 업무 공백을 최소화할 방안을 마련하는 게 급선무일 것 같아요."

"주4일제 시행으로 드러난 문제점들을 어떻게 해결해 나갈지 깊이 있게 논의해야 할 것 같아요. 팀 간 협업과 커뮤니케이션을 효율적으로 하기 위한 방안도 고민해야 할 것 같고요. 업무 시간 관리와 개인별 휴무일 조정에 대한 명확한 지침도 필요해 보여요. 팀 간 협업 체계를 재정비하고, 업무 공백 최소화를 위한 매뉴얼을 만드는 등 현장에서 필요한 구체적인 액션 플랜을 만들어야겠어요."

"이번 시범운용을 통해 우리는 소중한 경험을 했어요. 주4일제의 가능성을 확인한 만큼, 이제는 정착을 위해 노력할 때예요. 직원들의 피드백을 바탕으로 제도를 다듬고, 장기적인 관점에서 성과를 모니터링해야 해요. 새로운 문화를 선도적으로 만들어 가고 있다는 자부심으로 힘차게 또 달려봅시다!"

테스트는 끝났다.

이젠 본 게임이다. 말 그대로의 진짜 주4일제, 시작이다!

＊
＊＊

변화의 시작은 실행에, 변화의 완성은 피드백에 달렸다.
긍정의 힘을 강화하고, 문제의 실마리를 풀어내야 한다.

경영에 있어 장애물은 상수다.
장애물을 넘어서는 지혜와 용기가 혁신을 이끈다.

8

더 해피어 프로젝트:
생산성 혁신으로 행복한 일터 만들기

"안녕하세요, 인재경영실입니다. 직원들의 업무 몰입도 및 창의
성을 높이고 휴넷의 자율과 책임 문화를 강화하여 더 신나고 즐
겁게 일할 수 있도록 2022년 7월 1일부로 본격 주4일제를 시행
합니다. 주4일제의 성공적인 정착을 위해서는 높은 생산성과
업무 몰입이 필수적입니다. 매주 금요일, 충분한 휴식과 자기계
발 및 성장 등 재충전의 시간이 더 높은 몰입과 탁월한 성과로
이어지기를 바랍니다."

전사 공지가 떴다. 시범운용을 통해 드러난 문제점을 보완하여 주4일제를 위한 휴무일은 금요일로 통일했다. 휴넷인들에게 매주 금요일은 마이 데이, 말 그대로 '나의 날'이 되었다. 공휴일에 상관 없이 매주 금요일은 무조건 휴무다. 물론 필요한 경우, 자율적인 근무는 가능했다. 당직이 필요한 일부 부서의 경우, 당직이 금요 일과 겹치면 다른 요일로 마이 데이를 옮길 수 있도록 했다.

다른 건 없었다. 양보할 수 없는 단 하나의 원칙만 있었다. '퀄 리티 높은 아웃풋'이었다. 퀄리티에 대한 타협은 주4일제의 실패 로 귀결된다. 이 부분에 대해서만큼은 팀장-팀원 간 강력한 코칭 과 피드백을 할 수 있어야 했다. 동료 간, 협업부서 간의 건강한 피드백도 마찬가지다.

회사 역시 손을 놓고 있을 순 없었다. 애초 취지에 맞는 성과 가 날 수 있도록 잘 가꾸고 살펴야 한다. 더 해피어 프로젝트(The Happier Project)의 배경이다.

100-80-100 프로젝트, 즉 '급여 감축 없는 주4일제'의 성공적 정착을 위해선 최소 20% 이상의 생산성 향상은 필수다. 당장의 위기를 극복하고 기회를 극대화하기 위해선 최강 생산성 조직으 로 빠른 시일 내에 변모해야 한다. 그러기 위해서는 일하는 방식 의 구조적 변화가 필요했다. 1회성 프로젝트를 넘어 최강 조직으 로 발전하기 위한 상시적 혁신 프로젝트가 바로 더 해피어 프로

젝트였다.

생산성 제고? 다른 것 없다. 더 적은 인풋으로 더 많은 아웃풋을 내면 된다. 말은 간단해 보이지만, 절대 쉽게, 절로 되는 일은 아니다. 생산성의 중요성에 대한 인식이 높아져야 한다. 의식 개혁과 생산성 중심 문화 정착이 출발이다. 결국 직원 한 사람 한 사람이 최정예 핵심 인재로 거듭나고, 팀 하나하나가 최강팀으로 거듭나는 게 목표다.

이게 전부는 아니다. 더 높은 차원의 목표가 있다. 단순 반복 업무에서 벗어나 사람다운 삶을 사는 멋진 세상을 만들자는 게 궁극적인 목표다. 더 해피어 프로젝트(The Happier Project)라는 명칭도 그래서 간단치 않다. The 'Hunet Arete Productivity & Performance'의 앞글자를 따고 거기에 -ier 붙여서 '더 행복한'이라는 의미의 비교급으로 이름을 붙였다. 최고의 생산성과 성과를 통해 더 행복한 삶을 살아가자는 휴넷 주4일제의 지향점이 오롯이 담긴 이름이다.

"주4일제가 성공하려면, 제일 중요한 게 생산성 향상이에요. 우리가 더 짧은 시간 일하니까, 그 시간 동안 진짜 일에 집중할 수 있는 환경을 만들어야 되는 거죠. 두 번째는 일하는 방식을 바꾸는 거에요. 불필요한 미팅 줄이고, 업무 효율을 높일 수 있는 도구들을 적극 활용하자는 거죠. 마지막으로, 이 모든 걸 지탱할 수 있는 문화가 필요해요. 서로 책임감 있게, 자율적으로 일하면서도 팀 목표에 집중하는 그런 문화요. 이 세 가지에 집중하면 주4일제를 정말 잘 운영할 수 있을 거라 믿어요. 개인도 성장하고, 조직도 성장하고, 그것도 모두가 행복하게요."

주4일제 시행과 함께 2022년 8월부터 시작된 더 해피어 프로젝트. 그 속을 들여다보자.

**

혁신은 단발성 이벤트가 아니다.
상시적인 혁신 프로젝트를 가동하라.

생산성 향상은 단순히 성과를 높이는 것이 아니다.
조직문화와 일하는 방식을 바꾸는 것이다.

9

생산성 최강 조직: 일하는 방식의 재구성

더 해피어 프로젝트는 전사적인 생산성 향상을 목표로 하는 종합적인 프로그램이다. 이 프로젝트는 단편적인 원가 절감이나 지엽적인 비용 절감을 넘어선다. 전략 수립, 의사결정, 우수 인재 확보, 프로세스 개선 등을 포함하여 회사 전반의 생산성 개선을 목표로 한다.

프로젝트의 주요 내용은 다음과 같다

먼저, 전략적 이슈다. 전략 수립 프로세스의 개선, 의사결정의

주4일혁명: 월화수목일일일

질 향상, 환경 변화에 대한 민감한 반응과 신속한 실행, 전략적 폐기의 주기적 검토 등이 포함된다. 제대로 된 프로세스를 통해 의사결정의 실수를 줄이고, 하지 말아야 할 사업이나 업무에 대한 전략적 폐기가 제대로 이루어지고 있는지 살피는 거다.

다음은 조직적 이슈다. 우수 인재 채용 및 빠른 온 보딩(onboarding),• 성과 중심의 사고방식 정착, 업무원 몰입도 제고와 이직률 감소, 신기술의 학습과 적용, 건강한 리더십 구축 등이 중요하다. 인재 채용 실패율을 획기적으로 낮추고, 상시적인 학습 조직과 문화를 통해 업무몰입도를 제고하고, 직원들에게 심리적 안전감을 부여함으로써 일 하기 신나는 문화로 바꾸는 거다.

업무 프로세스 상의 이슈도 있다. 부가가치 낮은 업무의 제거, 전사적 협업 툴의 도입, 업무의 자동화, 협업 프로세스의 개선 등이 필요하다. 특히 AI를 활용한 자동화가 관건이다. 반복적인 단순 운영 업무는 AI가, 창의적인 고도의 기획 업무는 사람이 하는 식이다.

● **온 보딩**: 새로운 직원이 회사에 합류했을 때, 그들이 조직의 일원으로서 빠르고 원활하게 적응하도록 돕는 과정을 의미한다. 이 과정에는 새로운 직원이 회사 문화를 이해하고, 업무에 필요한 기술과 정보를 습득하며, 동료들과의 관계를 형성하는 것이 포함된다.

사무 생산성 및 원가 절감 이슈 역시 빼놓을 수 없다. 회의의 생산성 향상, 원가 및 비용 절감, 투자를 통한 생산성 향상, 프로젝트 관리 능력의 향상, 애자일 조직과 업무 프로세스의 정착 등을 다룬다. 가령 '30분 단위 회의' 제도를 통해 업무집중도를 높인다거나 휘발성 높은 PPT 작업이나 불필요한 보고서 작업 등을 없애는 것도 포함된다. 유용한 협업 툴을 활용한 소통 효율 제고도 같은 맥락이다.

"우리 모두 한 번 더 머리를 맞대고 어떻게 하면 더 똑똑하게 일할 수 있을지 진지하게 고민해야 할 것 같아요. 새로 합류한 직원들이 팀의 일원으로 금방 녹아들 수 있도록, 맞이하는 우리 태도도 중요하고, 자기계발도 열심히 해야죠. 새로운 기술들로 일상적인 반복 업무는 줄이고, 우리는 좀 더 크리에이티브한 일에 집중할 수 있는 환경을 만들어 가야 하고요. 그리고 뭐니뭐니해도 괜히 시간만 뺏기는 업무들은 확실히 걷어내서, 정말 중요한 일에만 집중할 수 있는 분위기를 만들어 나가야 할 거 같아요."

결국 이 모든 게 한 사람 한 사람의 직원에서부터 비롯된다는 의미다. 내 일의 목적과 가치에 대한 명확한 인식이 핵심이다. 나는 이 일을 왜 하는가? 어떤 가치를 만들어 내고자 하는가? 끊임없이 물어야 한다.

hunet

어차피 완벽한 결정은 없다

둘릴 수도 있지만
그다지 뼈아픈 일은 아니다.

오히려 늦는 것이 치르는
대가가 크다.

70% 정도면
의사결정한다.

- 아마존 CEO 제프 베이조스 -

2023 생산성 대폭 UP
The Happier Project

---

hunet

위대한 성취를 방해하는 것은
갈등이 아니라 편안함이다.

탁월한 팀에서는,
서로 반대 의견을 표현하고,
긴장감을 조성한다.

갈등이
편하게 느껴져야 한다.

- 픽스프릿 팀 -

2023 생산성 대폭 UP
The Happier Project

---

hunet

"Do not be busy,
Be productive"

늘 분주하고 바쁘지 말라,
생산적으로 일하라

- Karen McKenna -

2023 생산성 대폭 UP
The Happier Project

---

hunet

생산성을 높이면
당당하게 칼퇴하고,

생산성이 낮으면
야근해도 불안하다.

- 2016년 휴넷 생산성 혁신 표어 공모전 1위 -

2023 생산성 대폭 UP
The Happier Project

더 해피어 프로젝트의 사내 홍보 포스터

더 해피어 프로젝트의 사내 홍보 포스터

프로젝트는 2022년 8월부터 현재까지 운영되고 있다. 전 직원 참여를 바탕으로 'Best Practices'를 공유하고 제도화했다. 각 사업부의 특성을 반영하여 자율적인 계획과 실행을 장려함으로써 전사적인 생산성 개선 모델을 완성하기 위함이다.

매월 각 팀장은 생산성 제고 리포트를 제출하고, 이를 바탕으로 팀별 경진 대회를 진행했다. 전사적인 아이디어 제안 프로젝트도 병행했다. 생산성 향상에 대한 아이디어를 적극적으로 모색했다. 더 해피어 프로젝트는 단순한 기업 프로젝트가 아니었다. 직원들의 삶에 긍정적인 변화를 일으킨 신선한 바람이었다.

사무실 곳곳에서 생산성 향상을 위한 아이디어를 나누는 소그룹 토론이 활발하게 이루어졌다. 직원들은 회사의 미래 방향과 관련하여 적극적으로 의견을 개진했다. 의사결정 과정에도 직원들의 목소리가 반영되었다. 빠르게 변화하는 시장 환경에 대응하기 위해 직원들은 자기계발에 힘을 쏟았다. 팀장들은 리더십 능력 향상을 위한 워크숍이나 세미나에 적극 참여했다. 부서 간 협업 강화를 위한 노력도 눈에 띄었다.

전사적 협업 툴 도입을 위한 테스트 팀이 구성되어 실제 업무 환경에서의 효용성도 평가했다. 자동화가 가능한 업무를 식별하여 효율성을 높이기 위한 RPA(Robotic Process Automation, 로봇 기술을 활용한 업무 자동화) 도입에 대한 논의도 활발해졌다. 회의 시간 단축과 같은 소소한 부분부터 시작하여, 보다 효율적인 업무 방식을 모색했다. 불필요한 문서 작업을 줄이고자 하는 움직임도 활발해졌다.

직원들 사이에서 느껴지는 에너지와 열정은 이 프로젝트가 단순한 캠페인을 넘어 실제로 회사 문화와 업무 방식에 긍정적인 영향을 미치고 있음을 보여줬다.

생산성 최강 조직으로의 변모. '되니까 한다'가 아니라 '하니까 됐다'. 회사는 이미 실천 조직으로 바뀌고 있었다.

*
**

생산성 혁신은 전사적인 프로젝트이다.
모든 구성원이 변화의 주체가 될 때, 진정한 혁신이 가능하다.

일의 목적과 가치에 대한 깊은 성찰이
생산성 향상의 출발점이다.
'Why'에 대한 부단한 질문이 'How'를 변화시킨다.

10

팀장 퀵서베이:
문제가 없으면 정답도 없다

　　전사 주4일제가 본격적으로 시작되고 두 달이 흘렀다. 조직은 잘 돌아가고 있을까? 직원들의 전반적인 만족도는 높아 보이는데, 리더들은 어떨까? 팀장들 역시 주4일제에 만족하며 생산성 제고라는 목표를 잘 수행하고 있을까? 팀장급 이상 리더들을 대상으로 퀵서베이를 실시했다.

- **리더가 주5일에 해당하는 업무량을 주4일에 맞춰 부여하고 성과관리하는 것을 10점 만점이라고 했을 때, 본인 점수는 10점 만점 중 몇 점이라고 생각하시나요?**

- 만약 10점이 아닌 경우, 그렇게 하지 못하는 이유 또는 그렇게 하기 어려운 이유는 무엇인가요?
- 우리 팀 전체 인원 중 주5일 업무를 주4일 안에 완수하고 있는 팀원은 몇 명인가요?
- 주5일 업무를 주4일에 완수하지 못하는 팀원은 어떻게 리드하고 계신가요?

"주4일제가 도입된 후로 팀 내 업무 분배와 수행에 있어서 확실히 변화가 필요했어요. 우리 팀은 주5일 업무량을 주4일 안에 마치는 것을 목표로 삼았죠. 하지만 주4일제 도입 초기라 적정 업무량을 산정하는 게 쉽지 않더라고요. 기존의 업무 프로세스를 주4일에 맞게 재설계하는 데 시간이 걸리고, 팀원들의 생산성을 정확히 측정하기도 어려웠어요. 급한 일 위주로 처리하다 보니 장기적인 관점에서 업무 우선순위를 정하고 성과를 관리하는 게 소홀해질 때가 있더라고요."

"현재 우리 팀 인원 중 60%는 주5일 업무를 주4일 안에 완수하고 있어요. 나머지 40%는 아직 적응 중이에요. 이들 중 일부는 야근을 하거나 금요일에 출근해서 밀린 일을 처리하고 있죠. 하지만 이는 임시방편에 불과해요. 장기적으로는 업무 프로세스 개선과 생산성 향상이 필요해요."

"주4일제 시행 후 가장 큰 깨달음은 협업의 중요성이에요. 업무량이 주4일로 압축되다 보니 부서 간 협업이 더 중요해졌거든요. 하지만 아직 부서 간 일정 조율이나 업무 합의가 쉽지 않아요. 특히 명절 연휴나 연말 연시 같은 성수기 때는 사전에 부서 간 협조 체계를 맞춰놓는 게 더 중요해요. 앞으로는 부서 간 커뮤니케이션 활성화에도 신경 써야 할 것 같네요."

"5일치 업무를 4일 내에 끝내지 못하는 팀원들에게는 일대일 미팅을 통해 어려움이 무엇인지 듣고 있어요. 개인별 역량 차이를 고려해 맞춤형 코칭을 하려고 노력 중이에요. 하지만 솔직히 업무 분배와 성과 관리를 하는 게 쉽진 않아요. 리더로서 강력한 피드백을 주는 것에 대한 부담감도 있고요. 일부 팀원들은 자율과 책임의 의미를 오해하기도 해요. 이런 문제들은 리더십 교육과 커뮤니케이션 강화로 개선해 나가야 할 것 같아요."

서베이를 통해 드러난 팀장들의 반응이다. 역시 모든 게 매끄러울 수는 없었다. 문제가 없지 않았다. 설문결과, 주5일 업무량을 팀장이 부여하고, 그 업무를 팀원들이 주4일 내 수행 완료하고 있다고 응답한 리더는 대략 80% 수준이었다. 잘 하고 있다고 대답한 리더 역시 일부는 야근이나 금요일 근무 등 추가 업무를 통해 주5일의 생산성을 유지하는 것으로 나타났다. 장기적으로 추가 리소스 투입 없이 생산성을 높이는 방안을, 전사 차원에서 강구할 필요가 있었다.

고객의 요구와 업무의 다양성 증가로 리더 입장에서는 업무 관리가 더욱 복잡해졌다. 적정 업무량 산정과 생산성 측정에 어려움이 있는 것도 사실이었다. 그러다 보니, 급한 일 처리에 치중하게 된다. 그저 쳐내기 급급한 업무 방식이다. 협업 부서 간의 업무 일정 조율의 어려움도 드러났다. 일 하는 방식에 대한 전사 차원의 합의가 필요한 대목이었다.

자율과 책임 문화에 대한 팀원들의 오해는 여전히 존재했다. 주4일제를 그저 복지 차원으로 받아들여 생산성 보다 휴식에 방점을 찍는 거다. 문제가 있는 팀원에 대한 강력한 코칭과 피드백을 두려워하는 리디들은 또 다른 문제였다. 이들을 강하게 압박하다가는 퇴사하지 않을까 하는 우려도 나타났다. 보다 적극적인 커뮤니케이션 및 리더십 교육이 필요한 부분이었다.

"주4일제 도입은 우리 휴넷에게 새로운 도전이자 기회입니다. 서베이를 통해 드러난 리더들의 고민과 도전은 전사적으로 함께 해결해야 할 과제가 무엇인지를 보여줍니다. 업무 분배의 정확성, 생산성 측정의 공정성, 그리고 팀원들의 자율과 책임에 대한 올바른 이해 등. 중요한 건 문제가 아니라 이를 해결하기 위한 구체적인 방안입니다. HR에서는 리더와 팀원들 모두가 주4일제의 진정한 의미와 가치를 보다 잘 이해하고 실천할 수 있도록 지원할 겁니다. 어떻게 하면 모든 구성원이 주4일제의 혜택을 온전히 누리며 동시에 생산성을 극대화할 수 있을까요? 이 질문에 대한 답을 찾는 것이 바로 우리의 다음 단계입니다.”

임원회의의 결론이었다.

“내게 한 시간을 주고 세계를 구하라고 한다면 나는 55분을 문제가 무엇인지 정의하는 데 할애할 것이다.” 아이슈타인의 말이다. 문제가 없으면 정답도 없다. 문제를 확인했으니 해결에 초점을 맞추면 될 일. 첫 술에 배부를 리 없다. 그렇게 하나하나 풀어가면 되는 거다.

*
**

문제를 직시하고 해결책을 모색하라. 혁신의 장애물은
장애물 자체가 아니다. 장애물에 대한 두려움이다.

구성원의 인식 변화가 혁신을 빚어낸다.
의미와 가치를 공유하라. 그리고 실천하라.

Go or Stop?
혁신에 마침표는 없다

2023년 4월. 작년 7월부터였으니 주4일제의 본격 시행 이후 근 1년이 다 되어 가던 시점이었다. 전 직원을 대상으로 설문조사가 진행됐다. 전반적인 결과는 긍정적이었다. 주4일제에 대한 만족도와 삶의 질 향상 등에서 90% 이상의 동의율이 나왔다.

하지만 팀원과 리더급 사이에 갭이 나타났다. 팀원급 대비 리더급의 만족도가 낮았다. 리더들의 주4일제 활용율도 떨어졌다. 직급에 따른 업무 부담과 책임의 차이가 반영된 걸로 보인다. 주4일제 이전 대비 일 평균 근무시간이 주 1~4시간 정도 늘었다는 응답이 많았다. 본부 별로 약간의 편차는 있으나 대부분 비슷한 수준이다. 평일 기준 1일 근무시간이 30분~1시간 정도 증가하였다고 답했다.

주4일제의 긍정적 영향에 대해서는 팀원과 리더 모두 '일과 삶의 균형'을 제일 많이 꼽았다. 팀원의 경우, 업무 유관 요소(스트레스 감소, 회사생활 행복 증가)에서 만족도가 높게 나타났다. 리더의 경우, 새로운 시도와 도전의욕에서 높은 평가가 나왔다. 마이 데이 활용을 보면 팀원은 휴식, 자기개발과 성장, 잔여 업무 수행 순으로 나타났다. 반면 리더는 잔여 업무 수행, 자기개발과 성장, 가족과의 시간 순이었다. 왕관의 무게가 가볍지 않음을 보여주는 결과다.

"주4일제를 도입한 지 1년이 지났는데, 정말 우리 회사에 엄청난 변화를 가져왔어요. 직원들의 얼굴에서 그늘이 사라지고, 미소가 떠나질 않아요. 회사에 대한 자부심과 애사심도 더욱 깊어진 것 같고요." - A사원

"리더 입장에서도 주4일 근무는 기회로 다가왔어요. 제한된 시간 내에 성과를 내야 하니, 업무 방식에도 혁신이 필요했거든요. 덕분에 우리는 더 효율적이고 생산적으로 일하게 됐어요.

불필요한 회의나 문서 작업은 줄이고, 업무 자동화와 협업 툴 활용도 늘렸죠. 고객 중심적 사고, 데이터 기반 의사결정같은 경영 혁신도 가속화되고 있고요." - B팀장

"팀원들과 직접 이야기를 나눠봤는데, 다들 일과 삶의 균형을 찾게 되어 너무 행복하대요. 가족과 보내는 시간이 늘어난 것도 정말 큰 혜택이에요. 아이들과 함께 운동도 하고, 부모님께 효도할 시간도 생겼다니까요. 또 그동안 미뤄뒀던 자기계발에 도전하는 분들도 많아요. 어학, 자격증 취득, 취미 생활 등 개인의 성장을 위해 투자하는 모습이 보기 좋더라고요." - C선임

"직원과 리더가 함께 성장하는 조직문화가 자리 잡은 것 같아요. 서로 더 신뢰하고 존중하게 됐달까요? 일하는 사람이 행복해야 고객도 행복할 수 있다는 걸 깨달은 것 같아요. 우리 회사가 업계를 선도하는 워라밸 1등 기업이 될 거라 확신해요!" - D수석

생산성을 높이기 위한 개인별 노력에 대해서도 물었다. 업무 시간에 집중하여 커피 타임과 휴식 시간을 줄이고, 철저한 시간 관리와 우선순위 설정을 통해 생산성을 높이고 있다고 답했다. 1일 계획을 세우고, 하루 루틴을 정비하여 업무 효율을 향상시키고 있다는 답변도 있었다. 평일에 약간의 야근을 하고 휴일에는

충분한 휴식을 취함으로써 평일 업무집중도를 높인다는 대답도 눈에 띄었다. 또한 협업 툴을 적극적으로 활용하고 시스템을 개선하여 생산성을 높이려는 노력을 한다, 불필요한 업무를 줄이고 중요한 업무에 집중한다 등의 대답도 있었다. 업무 능력 향상을 위한 자기개발도 수행하고 있다 했다.

"주4일제를 시작한 지 1년쯤 되니까, 협업 과정에서 조금 아쉬운 점이 있더라고요. 금요일이 휴무일이다 보니, 일부 직원들 사이에서는 그날 쉬는 게 당연한 권리인 것처럼 여기는 분위기가 있어요. 충분한 휴식도 중요하지만, 간혹 급한 일이 생기면 유연하게 대응해야 할 때도 있잖아요. 또 하나, 주4일에 맞춰 업무를 끝내려면 사전 소통이 정말 중요하다는 거예요. 업무 계획을 꼼꼼히 세우고, 수시로 진행 상황을 공유하면서, 막판에 계획되지 않은 생기지 않도록 해야 해요. 협업이 필요한 부분은 빠르게 논의하고 합의해 나가는 것도 필수죠." - E책임

협업 부분은 여전히 문제였다. 주4일제 시행 후 이전과 동일한 수준으로 협업이 잘되고 있냐는 물음에 74.1%만 그렇다고 답했다. 협업이 잘 되도록 하기 위한 상호 노력 방안에 대해 의견을 물었다. 다음과 같은 점들이 제안사항으로 나왔다.

첫째, 금요일에 반드시 쉬어야 한다는 고정관념을 개선하고,

필요에 따라 일할 수 있는 유연한 인식을 공유해야 한다는 것.

둘째, 업무 진행 일정을 주4일로 조정하며, 이 기간 내에 5일치 업무를 완수한다는 책임감을 갖는 것이 중요하다는 것.

셋째, 금요일에 일하는 경우와 쉬는 경우 모두 서로의 상황을 이해하고 배려하는 태도가 필요하다는 것.

넷째, 긴급한 업무 요청을 피하고 사전에 명확한 커뮤니케이션을 하는 문화가 요구된다는 것.

마지막으로, 금요일에 발생할 수 있는 긴급 업무를 처리하기 위해 당직 시스템을 활용하고, 당직자에게 사전에 명확한 인수인계를 하는 것 등이었다.

주4일제의 성공적인 실행을 위한 경영 차원의 주요 시사점을 짚어보았다. 필요하다면 금요일에도 업무를 할 수 있다는 인식 전환, 개인의 업무 몰입과 책임감 강화, 아웃풋에 대한 타협 없는 접근, 프리라이더와 저성과자에 대한 철저한 피드백, 보고 및 회의의 간소화, 주4일제에 참여하지 하지 못하는 직원에 대한 보상 및 인정, 생산성 향상을 위한 지원 강화, 긍정적인 업무 문화 조성, 프로세스의 간소화 및 외부 협업 도구의 자유로운 접근과 사용. 제도 안착을 위한 주요 포인트였다.

"주4일제를 도입한 건 진짜 큰 변화였고, 대부분 엄청 좋아했어요. 근데 막상 실행해보니, 리더들이 좀 버거워 한다는 걸 느꼈어요, 이 부분은 진짜 신경써야 할 듯 합니다. 서로를 이해하고, 책임감 있게 일하는 문화, 이게 주4일제 성공의 열쇠인 것 같아요. 이제 어떻게 할 거냐고요? 가야죠. 저희는 Go입니다!"

문주희 휴넷 인재경영실장은 단호했다. 만족도와 자부심 향상, 직원의 행복과 삶의 질 측면에서 긍정적인 변화를 확인했으니 멈출 이유가 없다. 이제는 'Go or Stop'의 문제를 넘어섰다. 다만, 잘 가기 위한 방법을 끊임없이 찾고 노력하고 실천해야 하는 단계다. 직원 의식, 리더십, 협업, 생산성이 핵심이다. 전사, 팀, 개인 차원에서의 지속적인 노력이 필요하다. 휴넷의 주4일제 실험은 그래서 아직 성공이라 말할 순 없다. 하지만 성공을 향한 도전은 계속된다. 혁신에 마침표는 없는 법이다.

*
**

변화의 바람은 모든 이에게 같은 속도로 다가오지 않는다.
조직 내 다양한 목소리에 귀 기울여야 한다.

혁신의 여정에는 끝이 없다. 혁신의 키워드?
끊임없는 노력과 실천, 그리고 성찰이다.

휴넷의 과감한 도전
"주4일제로 직원 행복·생산성을 동시에 잡다"

조영탁 휴넷 대표 인터뷰

모든 혁신에는 저항이 뒤따른다.

혁신에 수반되는 불확실성이 우리를 움츠리게 만들어서다.

휴넷의 주4일제도 다를 바 없었다.

이럴 때 중요한 게 리더의 결단력이다.

휴넷 조영탁 대표는 주4일제를 단순한 복지 정책이라 생각하지

않았다. 조직의 생산성을 극대화하고 직원들의 삶의 질을 향상시키

는 전략으로 바라보았다. 직원 행복을 최우선 가치로 삼는 휴넷의

혁신 실험은 리더의 이런 철학에 힘입은 바 크다.

주4일제가 가져온 변화와 그 과정에서의 도전, 그리고 이런 변화가

조직에 미친 영향에 대해 조영탁 대표와 이야기 나누었다.

혁신은 '더 나은 변화를 위한 새로운 접근'이다.

Q 주4일제 도입을 결정하신 배경이 궁금합니다.

A 우리 회사의 철학은 직원과 그 가족의 행복을 추구하는 것입니다. 이는 결국 생산성의 향상으로 이어지고, 일과 삶의 균형을 통해 직장 내·외에서의 행복을 증진시킬 수 있다고 봅니다. 요컨대, '행복경영'이라는 기업 철학을 구체화한 겁니다. 또한, 국내에 주4일제를 실시하는 기업이 거의 없는 상황에서 이러한 결정은 우리 회사의 브랜드 가치를 높이는 계기가 될 거라 생각했습니다.

Q '행복경영'이란 표현을 쓰셨는데, 휴넷이 이야기하는 행복경영은 구체적으로 어떤 건가요?

A 행복경영은 조직 내부의 만족과 행복을 최우선 가치로 삼는 경영철학입니다. 직원들이 자신의 업무에 만족하고, 개인적인 성장을 경험할 수 있게 함으로써, 궁극적으로 조직 전체의 생산성과 창의력을 높이는 거죠. 행복경영의 중요성은 단순히 직원들의 행복에 국한되지 않고, 이를 통해 고객 만족도와 기업의 장기적 성공으로 이어진다는 데 있습니다. 직원 행복이 고객 행복을 만들어내는 선순환의 고리입니다.

Q 주4일제 도입으로 인한 인건비 증가는 감안을 하셨나요?

A 실제로 주당 근무시간이 40시간에서 32시간으로 줄어들면서 인건비 증가 우려가 있었습니다. 하지만, 리더들의 숫자가 늘어나지 않았고, 특정 부문에서 최소한의 추가 채용을 하면서 상당 부분 이를 억제할 수 있었습니다. 결과적으로 인건비 증가율을 5% 내외로 예상했고요. 실제로 그 범위를 크게 벗어나지 않았습니다.

Q 주4일제 공표 후 직원들의 반응은 어땠나요?

A 직원들은 주4일제 공표에 깜짝 놀랐습니다. 다들 긴가민가했던 것 같아요. '진짜 이걸 한다고?' 하는 느낌이랄까요(웃음). 이 제도가 과연 지속될 수 있을지 우려도 있었지만, 전반적으로 회사의 과감한 결정에 다들 기뻐했고, 고마워했

습니다. 회사에 대해 자부심을 가지게 되었다는 직원들도 많았고요. 전반적으로 다들 환영했습니다.

Q 주4일제 시행 초기, 어려움은 없었나요?

A 많았죠. 가장 큰 어려움 중 하나는 임원들과 일부 직원들 사이에서 나타난 초기 반대였습니다. 특히 업무 성과에 대한 우려와 고객 대응 방안, 조직 운영의 효율성 등이 큰 이슈였죠. 이에 주4.5일제를 시범운용하면서 개선점을 찾아갔습니다. 문제 해결을 위해 충분한 논의와 피드백 과정을 거쳤습니다. 투명하고 일관된 운영을 위해 노력했고, 지속적인 소통과 교육도 병행했습니다. 이런 저런 시행착오를 거치며, 지금은 상당히 안정적으로 운영되고 있습니다.

Q 주4일제 도입에 대한 내부 반대는 어떻게 극복하셨나요?

A 초기에는 임원진의 반대가 심했습니다. '고객 응대에 문제가 생길 수밖에 없다', '생산성이 떨어진다', '안 그래도 자유로운 문화인데, 더 풀어주면 안 된다…' 등 이유도 다양했습니다. 개인적으로는 주4일제에 대한 확신을 가지고 있었습니다만, 임원들을 설득하지 못하고 그냥 밀어붙여서는 안 된다 생각했습니다. 그래서 꺼낸 일종의 타협안이 주4.5일제였습니다. 주4.5일제를 2년여 실시했는데요. 직원들의 만족도 향상과 매출 성장이라는 긍정적인 결과로 이어졌습니다. 그 성과를 바탕으로 임원진을 설득했습니다.

Q 주4일제 도입의 성과는 어떠했나요?

A 직원 만족도와 생산성 모두 향상되었습니다. 연말 직원 만족도 평가도 전년 대비 큰 폭으로 올랐습니다. 또한, 회사에 대한 직원들의 자부심도 높아지고, 채용 시장에서의 경쟁력도 확실히 강화되었어요. 생산성 면에서도 긍정적인 결과를 얻었습니다. 실제로 1인당 매출액 지표를 보면 상승세가 뚜렷합니다.

Q 주4일제에 대해 나름의 철학과 소신이 확고하신 것 같아요.

A 주4일제는 단순한 직원 복지 차원을 넘어선다 생각합니다. 고생산성 조직으로 거듭나기 위한 전략적 선택이지요. 일에 대한 집중과 몰입을 통해 생산성을 높이고, 이를 통해 개인의 삶을 더 행복하게 만드는 것. 이게 주4일제의 궁극적인 목적입니다. 그렇게 행복해진 직원이 고객도 행복하게 만드는 거지요. 제가, 그리고 우리 휴넷이 생각하는 행복경영의 선순환입니다.

Q 다른 기업들이 주4일제를 고려할 때 주의해야 할 점은 어떤 게 있을까요?

A 주4일제는 단순히 근무시간을 줄이는 것이 아닙니다. 조직문화와 업무 방식의 근본적 변화를 의미하죠. 성공을 위해서는 구성원들의 적극적 참여와 경영진의 강력한 의지가 필수입니다. 또한 치밀한 사전 준비와 시범운용으로 부작용을 최소화해야 합니다. 각 조직의 특성을 고려한 유연한 접근과 지속적인 개선 노력 또한 중요하고요.

Q 주4일제가 미래 경영에 미칠 영향은 무엇이라고 생각하나요?

A 주4일제는 업무 효율성과 직원 만족도를 동시에 높이는 혁신적인 경영전략입니다. 미래 경영에 있어서 중요한 전환점이 될 거라 생각합니다. 몇 가지 이유가 있습니다. 첫째, 직원들의 직무 만족도와 행복감이 증가함으로써 업무 몰입도와 창의성이 향상될 수 있습니다. 장기적으로 회사의 혁신 역량과 경쟁력을 높이는 데 기여할 겁니다. 둘째, 유연근무제 도입은 우수 인재를 유치하거나 유지하는 데 긍정적인 영향을 미칠 겁니다. 높은 직무 만족도는 회사에 대한 로열티를 강화하고, 이직률을 낮추는 효과를 가져올 수 있고요. 셋째, 주4일제는 사회적 트렌드와도 부합하죠. 워라밸을 중시하는 문화가 점점 확산되고 있는 상황에서, 주4일제는 기업 이미지와 브랜드 가치를 높이는 데도 기여할 수 있습니다.

Q 마지막으로, 주4일제 도입에 대한 대표로서의 감회가 어떠신가요?

A 주4일제는 우리 조직에 큰 변화를 가져왔습니다. 단순히 근무시간의 변화에 그치지 않고, 직원들의 삶의 질 향상과 조직문화의 변화로 이어지고 있습니다. 주4일제는 개인과 기업 모두에게 큰 변화의 기회를 선사할 것이라 확신합니다. 휴넷의 실험이 다른 기업들에게도 의미 있는 시사점을 줄 수 있기를 기대합니다.

혁신은 용기다!
현실의 부조리함에 눈감지 않고,
직시할 수 있는 용기다.
변화의 아픔을 기꺼이 감내하고,
도려낼 수 있는 용기다.
지난한 과정 속에서도 꿋꿋이 앞으로
나아갈 수 있는 용기다.

그 용기의 원천은
조직에 대한 깊은 사랑과 사명감이다.
한 치의 부끄러움 없는 떳떳함이다.
해낼 수 있다는 확고한 자신감이다.

용기 있는 자만이 혁신을 이룬다.
혁신하는 자만이 미래를 개척한다.

2장

일의 방식

주5일이 정답은 아니잖아!

세상은 끊임없이 변한다.
디지털 트랜스포메이션과 코로나19가 몰고 온 충격.
변화라는 문제에 맞춤하는 다양한 혁신이
우리 일의 형태를 바꾼다.

탈중앙화 시대가 열리고, 유연근무제가 자리 잡았다.
긱 이코노미가 부상하고, 일과 삶의 경계는 점차 허물어진다.
중요한 건 농업적 근면성이 아니라 자율과 창의에 기반한 생산성.
변화의 물결 속에 선 우리의 일과 일터.

AI가 일상이 되어가는 지금,
주4일제는 무모한 도전일까, 의미있는 혁신일까?

주5일제를 반대했던
이유가 무색하다

우리 사회에 주5일제가 본격 시행된 시점은 언제일까? 2004년 7월이다. 그전까지 주6일 근무는 진리였다. 어느 누구도 의문을 품지 않았다. 이 탄탄하던 철벽에 균열이 가기 시작했다. 시작은 '반공일(半空日)'이었다. 반공일은 "난 공산당이 싫어요"를 외치는 날이 아니다. 반만 일한다 해서 반공일이다. 반은 '비었다(空)'는 의미다.

1990년대 후반, 내가 다녔던 광고회사는, 토요일엔 오전만 근무했다. 엄밀하게 보면, 주6일 근무가 아니라 주5.5일 근무였던 셈이다. 그러다 격주 주5일제를 시행했다. 1·3주에 토요일 오후까지 근무하면 2·4주는 금요일까지만 출근하는 식이다. 회사의 자발적인 조치였다. 다른 업종이나 다른 기업들에서는 쉽지 않았던 호사였다.

2000년대 들어 주5일제에 대한 논의가 시작됐다. 열악했던 노동 환경 때문이었다. 장시간 노동에 낮은 임금, 노동자의 권리 침해가 문제였다. 그때만 해도 주6일, 하루 10시간 이상 근무하는 건 일반적이었다. 특히, 제조업과 공공부문 노동자들은 12시간 이상 근무하는 경우도 많았다. 그렇다고 임금이 높았냐, 그것도 아니었다. 최저임금제 같은 건 생각도 못하던 시절이었다. 많은 노동자들이 빈곤에 시달렸다. 노동자의 권익 또한 제대로 보호받지 못했다. 노동조합 결성과 파업이 금지되어 있었다. 고용주의 부당한 대우에 무방비로 노출되었던 시절이었다.

주5일제의 도입은 이러한 열악한 노동 환경 개선에 큰 역할을 했다. 주5일제의 도입으로 노동자들은 하루 8시간, 주5일만 근무하게 되었다. 임금과 노동자의 권익도 향상되었다. 주5일제는 노동자들의 삶의 질을 크게 향상시킨 획기적인 노동 개혁이었다.
하지만 모두가 두 손 들어 환영했던 건 아니다. 반대도 심했다.

대표적인 반대 이유는 생산성 저하였다. 휴일이 늘어나 업무집중도가 떨어져 생산성이 저하될 것이라는 우려였다. 기업의 경쟁력이 약화될 것이라는 걱정도 있었다. 다른 국가와 비교하여 노동시간이 짧아지면 그 갭을 어떻게 메울 거냐는 얘기였다.

"'삶의 질' 높이려다 '삶의 터전' 잃습니다"라는 카피의 신문 광고가 등장한 배경이다.

주5일제 시행 당시 신문 광고

심지어 사회 혼란을 야기한다는 얘기도 나왔다. 노동자들이 쉴 시간이 많아지면 일일이 이를 통제하기 힘들어 사회 질서가 붕괴될 것이라는 우려였다. 지금의 시선으로는 이해하기 힘든 얘기지만, 그때는 이런 얘기가 그리 이상하지 않던 시절이었다.

근로의욕을 저하시킨다, 과소비를 유발한다, 경제에 악영향을 준다는 여러가지 반대 이유를 뚫고 마침내 주5일제가 시작되었다. 2004년 여름이었다.*

　주5일제와 함께, 대략 20년의 세월이 흘렀다. 결론부터 말하자면, 시행 전에 나온 거의 모든 우려는 기우였다. 2003년 3.1%였던 경제성장률은 이후 4년간 4.3~5.8%를 유지했다(한국개발연구원, 2017). 관건은 노동생산성이다. 노동생산성은 시간당 생산성에 시간을 곱한 결과다. 한국개발연구원(KDI)이 내놓은 「근로시간 단축이 노동생산성에 미치는 영향」 보고서에 따르면, 노동시간을 줄여 주 40시간 근무제를 도입한 사업체의 노동생산성이 2.1% 높다. 2016년 3월 대한상공회의소의 의뢰로 맥킨지가 펴낸 직장문화 보고서 역시 노동시간이 길어질수록 생산적 활동 시간의 비중이 낮아진다는 결과를 보였다. 시간당 노동생산성의 증가다. 업무 몰입도가 올라간 결과다.
　독일의 경험도 유사하다. 독일은 1984년부터 1994년까지 10년에 걸쳐 법정 노동시간을 40시간에서 36시간으로 점차 줄였다. 미국 노동부의 수석 경제학자였던 제니퍼 헌트 교수는 노동시간이 줄었음에도 전체 생산성이 줄어들지 않았음을 밝힌 바 있다.

● 법 적용은 회사의 종류와 규모에 따라 순차적으로 이뤄졌다. 공공기관과 직원 1천 명 이상의 대형 사업체가 먼저 시작했다. 20인 미만 사업장은 2011년을 기한으로 대통령령이 정하는 날부터 시행되었다.

시간당 노동생산성이 올라간 거다.

노동시간 감소는 업무 몰입도 증가만 가져온 게 아니었다. 노동시간 감소로 운동시간이 늘고 흡연이 줄었다는 연구 결과도 나왔다(Health Economics, 2016). 노동시간 단축으로 산업재해가 감소했다는 연구 결과도 있다(Labour Economics, 2016). 주당 노동시간이 1시간 줄어드니 산업재해가 8% 정도 줄어든 거다.

이런 데이터를 받아 들고 보니 주5일제를 반대했던 이유가 무색하다. 주6일 근무가 능사가 아니었던 거다. 그렇다면 자연스레 이어지는 질문 하나. 지금의 주5일제라고 만고불변의 진리일까?

무성 애니메이션에 캐릭터의 목소리를 처음 입혔다. 애니메이션 제작에 유화 기법을 도입하고, 실사 영화에 특수효과를 활용하는 등 새로운 기술을 도입해 기존 애니메이션의 한계를 뛰어넘었다. 새로운 기술을 활용하여 현실과 환상을 넘나드는 새로운 영화적 경험을 제공했다. 미키 마우스의 아버지 월트 디즈니 얘기다. 반드시 그래야만 하는 것은 없다. 세상은 계속 변한다. 혁신이 계속되어야 하는 이유를 디즈니, 그리고 미키 마우스가 웅변한다.

2

탈중앙화 세대가
마라탕을 좋아하는 이유

대한민국 젊은 세대가 마라탕에 푹 빠졌다. 마라탕은 중국 쓰촨 지방에서 유래한 음식이다. 저릴 마(麻), 매울 랄(辣)자를 써서 마라탕이다. 혀가 저릴 정도로 매운 국물에 다양한 재료를 넣어 끓여 먹는 음식이다. 인기 이유? 일단 맛있다. 이국적인 마라의 향과 맛이 재료에 잘 스며들어 특유의 알싸한 맛이 일품이다. 가격 또한 그리 부담스럽지 않다. 무엇보다 중요한 게 있다. 재료를 마음대로 골라 먹을 수 있다는 거다. 물론 맵기의 정도도 선택할 수 있다.

젊은 청년들의 가치관과 사고 방식은 이전 세대와 다르다. 자신의 삶에 대한 자유와 주도권을 중시한다. '디지털 네이티브'란 특징이 영향을 미쳤다. 개인에게 디지털은 도깨비방망이다. 책도 만들고, 음악도 만들고, 영상도 만든다. 새로운 나(아바타)도 만들고, 새로운 돈(암호화폐)도 만들고, 새로운 세상(메타버스)도 만든다. 엄청난 자원과 역량, 조직이 있어야만 할 수 있던 일이다. 디지털 네이티브는 혼자서도 뚝딱 해낸다. 슈퍼맨이 따로 없다.

방송만 해도 그렇다. 젊은 청년들은 더 이상 수동적인 시청자이기를 거부한다. 디지털에 기반한 요즘의 방송이란, 내가 원할 때, 내가 원하는 장소에서, 내가 원하는 속도로, 내가 원하는 만큼만 보고 듣는 거다. 더 나아가 디지털을 도구 삼아 내가 원하는 나의 방송을 만들기까지 한다. 개인의 능력과 통제권이 그만큼 커졌다는 의미다.

이런 그들에게, 원하는 재료를 마음대로 골라 먹을 수 있는 마라탕은 '자유'다. 자유는 단순히 뭐든 할 수 있음을 의미하는 것이 아니다. 내 모든 생각과 행동의 근거는 '나'라는 거다. 인간의 자기결정권과 독립적 선택에 방점을 찍는 거다. 그러니 내가 선택하고, 내가 결정한다. 세상에 하나뿐인 나의 부상이다.

소수 취향을 저격하는 마이너 독립잡지의 유행은 이를 방증한다. 내 음악을 하겠다며 오케스트라를 직접 만드는 젊은 지휘자도 낯설지 않다. 내 손글씨에 기반한 나만의 폰트 만들기는 또 어떻고. 규모의 경제에 기반한 '효율성'이 아니라 개인이 주인 되는 '다양성'에 초점을 맞추는 그들. 이른바 탈중앙화 세대의 출현이다.

탈중앙화란 '중앙'에서 '주변'으로의 중심 이동이다. '집중과 고립'에서 '분산과 연결'로의 이동이다. '전체와 권위'에서 '개별과 창의'로의 이동이다. '일사불란(一絲不亂)'에서 '십인백색(十人百色)'으로의 이동이다. 요컨대, 탈중앙화란 '권위적 획일성'의 종말이자 '창의적 개별성'의 부상이다.

탈중앙화 세대와의 생산적 공존은 최근 모든 조직의 핵심화두다. 이들의 자발적 참여 없이는 조직의 성장이 요원해서다. 리더십 혁신은 당연한 수순. 예전에는 지휘자의 지휘에 따라 음악을 연주하던 '오케스트라형 조직'이 대세였다. 권위주의적 지휘자는 지휘봉과 악보로 조직을 통제했다. 개별 연주자의 개성과 창의성은 설 자리가 없었다. 지금은 아니다. 격변의 시대다. 유연해야 변화를 껴안을 수 있다. 변화에 즉각 대처 가능한, 동료와의 창의적 하모니가 중요해졌다. 유연하고 캐주얼한 '재즈형 조직'이 주목받는 이유다.

마라탕 세대와 함께 하는 행복한 성장의 비결? 가치의 재구성이 급선무다.

❶ 권위 말고 창의: 혁신은 명령에서 나오지 않는다. 자발적 열정에서 싹을 틔운다.

❷ 지도 말고 나침반: 모든 상황과 문제를 정확히 예측할 수 없는 변화무쌍한 세상이다. 지도처럼 정확한 경로를 그려낼 순 없다. 핵심 가치와 원칙을 나침반 삼아 방향을 잡아야 한다.

❸ 순응 말고 도전: 주어진 상황에 순응해선 미래가 없다. 새로운 가능성을 모색해야 한다. 도전은 필수다.

❹ 이론 말고 실재(實在): 이론은 실재의 복잡성을 100% 반영할 수 없다. 게다가 이론은 실재의 과거형이다. 잊어서는 안 된다. 우리는 이론이 아니라 실재를 산다.

❺ 안정 말고 회복력: 모든 게 불확실한 세상에서 안정이란 곧 퇴보다. 그렇다고 모든 도전이 다 성공할 순 없다. 실패를 딛고 다시 일어서는 회복력이 경쟁력인 이유다.

탈중앙화 세대이자 마라탕 세대인 이들에게 보다 적합한 근무제는 주5일제일까, 주4일제일까? 확실한 것 하나는 있다. 아직도 그들을 지시와 명령, 관리와 통제의 대상이라 여기는 리더라면 그 조직의 미래는 암울하다. 그런 리더에게 추천하는 오늘의 메뉴? 마라탕이다!

근무시간과 근무장소는
'도구'다

　캐주얼이 대세다. 예전처럼 넥타이를 매고 신사복을 입은 사람을 찾아보기 힘들다. 신사복을 안 입으니 구두 수요도 줄었다. 거리의 구둣방이 점차 사라지는 이유다. '정장 시대'에서 '캐주얼 시대'로의 무게중심 이동이다. 정장과 캐주얼은 옷차림에만 국한되는 의미가 아니다. 기존 사회규범과 해체에 대한 강력한 메타포다. 정장은 '전체'와 '규정'을 은유한다. 캐주얼은 '개인'과 '자유'에 대한 은유다. 요컨대, 전체의 시대가 아니라 개인의 시대, 규정의 시대가 아니라 자유의 시대인 거다. 그런 변화의 한가운데 있는 열쇳말은 유연함이다.

중앙집중식으로 모든 게 꽉 조여져 있던 세상이 이젠 많이 헐거워졌다. 세상이 복잡다단해져서다. 중앙에서 모든 걸 통제할 수 없어서다. 개인의 창의와 상상이 빚어내는 성과가 훨씬 더 커져서다. 분초를 다투는 격변의 시대, 관건은 변화의 포용과 발 빠른 적응이다. 유연함이 경쟁력인 이유다.

일의 형태도 맞춤하여 변한다. 유연근무제의 등장이다. 유연근무제는 근로자가 근무시간이나 장소를 자율적으로 선택할 수 있는 근무 형태를 말한다. 크게 근무시간 유연화와 근무장소 유연화로 나뉜다.

근무시간 유연화는 근로자가 출퇴근시간이나 근무시간을 자율적으로 선택할 수 있는 방식을 가리킨다. 먼저 출근 시간을 자율적으로 조정하여 근무하는 시차 출퇴근제도가 있다. 예를 들어, 오전 9시 출근과 오후 6시 퇴근을 기본으로 하되, 출근 시간을 오전 7시부터 10시까지 자율적으로 선택할 수 있다.

다음은 탄력근무제다. 일정한 기간 동안의 근로시간을 평균하여 주 40시간을 맞추는 제도다. 가령, 2주 동안 첫 주에는 주 44시간을 근무하고, 둘째 주에는 주 36시간을 근무하여 총 근로시간을 주 40시간으로 맞출 수 있다.

근로자가 출퇴근 시간과 근무시간을 스스로 결정하고, 그 결과에 따라 책임을 지는 방식의 재량근무제다.

근무장소 유연화는 근로자가 사무실 이외의 장소에서 근무할 수 있는 방식을 일컫는다. 근로자가 집이나 원하는 장소에서 근무하는 재택근무 방식이 대표적이다. 거점 근무제도 있다. 근로자가 사무실과 거점 오피스를 오가며 근무하는 방식이다. 이 모두를 아울러 '원격근무'라고도 한다. 상사의 앞자리가 아니라 상사와 멀리 떨어진 곳에서 일하는 방식을 통칭하는 개념이다.

유연근무 개념이 녹아 있는 마케팅회사 디자이너A의 일주일을 살펴보자. 정해진 업무시간과 정해진 업무장소가 따로 없다. 회사와 약속된 커다란 틀에 맞추어 디테일은 각자가 채우는 방식이다. 정장의 업무 방식이 아니라 캐주얼의 업무 방식이다.

- **월요일**: 오전 11시에 출근하여 오후 8시에 퇴근한다. 출근 전에는 개인적인 운동과 준비로 하루를 시작한다. 동료들이 퇴근한 조용한 저녁 시간에 맡고 있는 프로젝트에 몰입한다.
- **화요일**: 오전 6시에 일어나 일찍 작업을 시작한다. 집에서 오전 10시까지 작업한 후, 낮 시간에는 외부 미팅이나 네트워킹을 한다.
- **수요일**: 정오에 거점 오피스로 출근해서 저녁 8시까지 근무한다. 오후 시간에는 팀 미팅과 협업 프로젝트에 집중한다.
- **목요일**: 오전 7시에 일어나 아침 시간을 활용해 회사의 중요 업무를 처리한다. 오후에는 사무실로 출근하여 팀과 함께 작업한다.

- **금요일:** 오후에 출근하여 밤 9시까지 근무한다. 주간 업무를 정리하고, 다음 주 계획을 수립한다.

유연근무제 실행에 불씨를 당긴 건 코로나19였다. 가벼운 만남조차 금기시되던 암흑의 시절. 기업은 직원을 집에서 일하게 했다. 선택의 여지가 없었다. "이게 될까?" 했던 재택근무에 대한 물음표가 "이게 되네!" 하는 느낌표로 바뀌었다. 가능성의 확인이었다.

코로나19가 끝난 지금, 기업들은 다시 직원들을 사무실로 불러 모으는 중이다. 직원들이 떨어져 있으니 조직문화 구축에 구멍이 생긴 거다. 직원들의 고립감 증가와 신입 직원에 대한 현장 교육 공백도 문제였다. 100% 재택근무는 사무실 근무 대비 생산성이 떨어진다는 연구 결과도 나왔다.

대안으로 나온 개념이 '하이브리드 근무제'다. 재택근무와 사무실 근무를 병행하는 거다. 일주일에 3~4일은 사무실에서 근무하고, 나머지 1~2일은 원격으로 일하는 업무 방식이다. 원격 근무 통계를 제공하는 기업 플렉스 인덱스에 따르면, 2023년 10월 기준, 미국 5,564개 기업 조사 결과, 사무실 근무가 38%, 하이브리드 근무가 29%, 완전 재택 근무가 33%로 나타났다.

근무시간과 근무장소는 도구다. 수단이고 방법이다. 도구, 수단, 방법은 성과를 위해 존재한다. 더 나은 성과를 만들 수 있는 또 다른 도구와 수단, 방법이 있다면 기존의 그것들은 바꾸고, 수정하고, 폐기해야 한다. 유연함이란 그런 거다. 바야흐로 일하는 방식이 변하고 있다. 표준의 변화다.

잊어서는 안 된다. 혁신은 리스크를 감수하는 것이다. 실패를 두려워하지 않는 것이다. 기존의 방식을 깨는 것이다. 새로운 가능성을 발견하는 것이다. 세상을 바꾸는 것이다. 미래를 만드는 것이다.

긱 이코노미:
상사도 없고, 통제도 없다

유연근무제와 함께 부상한 것이 '긱 이코노미'다. 긱 이코노미는 1920년대 미국 재즈클럽이 단기 계약으로 섭외하던 연주자를 가리키던 용어 '긱(gig)'에서 유래했다. 프리랜서나 독립 계약자가 단기간에 다양한 일을 수행하는 최근 트렌드를 반영하는 표현이다. 유연성과 자율성을 중시한다. 요컨대, 전통적인 장기 고용 관계보다는 프로젝트나 작업 기반의 단기 계약에 중점을 두는 노동시장 구조를 말한다.

긱 이코노미의 성장은 인터넷과 모바일 기술의 발전에 힘 입은 바 크다. 언제든, 어디에서든 서로가 연결되니 작업을 중개하는 다양한 플랫폼이 등장했다. 긱 이코노미의 확산 배경이다.

긱 이코노미 시스템은 디지털 기술을 발판 삼아 전통적인 직업 구조와 전혀 다른, 새로운 형태의 노동 방식을 선보였다. 대표적인 게 승차 공유 서비스인 우버다. 우버는 승객과 운전자를 연결해주는 플랫폼이다. 우버 운전자는 우버 앱을 통해 승차 요청을 수락할 때마다 계약을 체결하게 된다. 계약 기간은 승차 요청을 수락한 순간부터 서비스를 완료했을 때까지다. 짧게는 몇 분에서 길게는 몇 시간이다.

우버 운전자는 자신의 시간과 상황에 맞게 일할 수 있다. 정해진 근무시간이나 근무 장소도 없다. 상사도 없고, 통제도 없다. 출근 시간도, 퇴근 시간도 없다. 각자 자율적으로, 자기의 일을 하면 된다. 숙박 공유 플랫폼인 에이비앤비나 배달 플랫폼 기업인 배달의민족과 요기요 등이 같은 맥락의 비즈니스다. 이들 플랫폼은 전통적인 서비스 업종을 디지털화하여 새로운 형태의 고용 기회를 창출했다.

이런 긱 이코노미가 이제는 전문 영역으로까지 확장되고 있다. 정규직 채용 부담을 줄이고픈 기업과 일과 삶의 균형을 추구하는 전문가들의 이해가 만나는 지점이 있어서다. 예컨대, 기업에서 필요로 하는 임원급의 전문 업무도 '긱'을 통해 해결한다. 프리랜서 마켓플레이스는 이런 변화의 촉진자이자 결과물이다. Upwork, Fiverr 같은 플랫폼은 다양한 분야의 프리랜서에게 짧은 기간의 계약을 통해 새로운 방식으로 일할 수 있는 기회를 제공한다. 그래픽 디자인, 프로그래밍, 마케팅 등 다양한 전문 기술이 필요한 모든 프로젝트가 총망라되어 있다.

긱 이코노미가 일의 방식에 미치는 변화는 작지 않다. 먼저, 유연한 업무 수행과 '리모트워크(Remote Work)'의 증가다. IT 분야의 프리랜서 개발자가 자기 집 책상에 앉아 전 세계 클라이언트와 협업한다. 특정 시간대에 맞춰 일하는 게 아니다. 프로젝트의 마감 기한과 개인의 생활 패턴에 맞춰 각자가 편한 시간에, 편한 장소에서 업무를 수행한다.

다음은 업무의 다양화와 전문화다. 사람들은 다양한 프리랜서 플랫폼을 통해 자기가 가진 전문 분야의 기술과 능력을 제공한다. 자신의 전문성을 시장에 제공하고, 새로운 기회를 탐색한다.

디지털 기술의 발전은 전통적인 사무실 환경을 넘어 새로운 형태의 업무 방식을 가능케 한다. 가령 '줌(zoom)'과 같은 원격 회의 도구를 통해 전 세계 어디서나 팀 회의에 참석하고 협업할 수 있다.

고용 관계의 변화는 필연적이다. 프로젝트에 초점을 맞춘, 단기 계약 기반 고용은 전통적인 장기 고용 관계의 안정성과는 다른 새로운 형태의 노동 시장을 만들어낸다. 노동 시장의 다양성과 유연성도 그와 함께 늘어난다. 기업 입장에서는 필요에 따라 전문성을 확보할 수 있으니 보다 유연하게 인력을 관리할 수 있다.

예상컨대, 긱 이코노미가 빚어낼 일의 미래는 지금과는 많이 다를 거다.

첫 번째, 일과 관련한 유연성의 증가는 일과 삶의 경계를 낮춘다. 근로자가 자신의 업무와 개인 생활을 보다 효율적으로 조율할 수 있게 된다. 일과 삶의 경계에 대한 재정의가 첫째다.

두 번째, 개인 브랜딩과 자기주도적 경력 관리의 중요성이다. 긱 이코노미는 개인이 자신의 역량과 경력을 직접 관리하고, 다양한 기회를 탐색하며 자신만의 브랜드를 구축하도록 독려한다. 내가 곧 상품이자 브랜드라서다. 퍼스널 브랜딩의 의미와 구축이 중요해진다는 얘기다.

세 번째, 폭 넓은 기술 및 경험의 활용도 중요한 변화다. 긱 이코노미는 다양한 업무 경험을 통해 전문성을 넓히고, 새로운 기술과 지식을 습득하는 기회를 제공한다. 하나의 업종에 갇히지 않고 다른 산업 분야와의 새로운 접점을 넓혀 나갈 수 있다.

마지막으로는 워크-라이프 밸런스에 대한 새로운 해석이다. 긱 이코노미는 개인이 업무시간과 장소를 자율적으로 결정할 수 있게 한다. 일에 매몰되어 있던 사람들로 하여금 일과 삶의 균형을 새로운 방식으로 탐색하고 정의할 수 있게 해준다.

중요한 건 변화다. 기하급수적인 변화가 현재 진행형이다. 전제가 바뀌면 결론 또한 달라지게 마련이다. 같은 시간에, 같은 장소에 함께 모여 일을 하던 시절이 있었다. 그 시절의 최적안이었기에 그랬을 터다. 과거의 그런 방식이 지금도 과연 최선일까? 아니라면 바꾸거나 없앨 일이다. 그게 혁신이다.

바람이 분다. 누군가는 바람을 막으려 벽을 쌓는다. 누군가는 바람을 이용하려 풍차를 만든다. 지금까지와는 다르게 앞으로의 바람은 더 크고, 더 세고, 더 빨라질 거다. 바람에 날려갈 것인가, 바람을 타고 오를 것인가? 하나만 기억하자. 준비 없이 맞는 변화는 곧 파국이다.

5

미래 지도:
'바꾸지 못하면 죽을 것입니다'

정신을 못 차릴 정도다. 빨라도 너무 빠르다. 멀미가 날 지경이다. 블록체인에, 암호화폐에, NFT에, 메타버스에, 웹3.0… 새로운 기술과 개념들이 광풍처럼 몰아쳤더랬다. 그런데 이제 또 AI란다. 좌우를 살피며 조심조심 건널목을 건너다 느닷없이 우주선에 부딪친 느낌이랄까.

카세트테이프는 일찌감치 사라졌다. 레코드 판도 사라진 지 오래다. 동네마다 즐비하던 비디오 대여점에 이어 공중전화 박스도 없어졌다. 카메라에 넣어 찍던 필름도 찾아보기 어렵다. 버스를 탈 때 내야 했던 토큰과 회수권은 추억의 아이템이다. 군대 행정 반에서 명령지를 치던 타자기는 박물관에나 가야 볼 수 있다. 회사 생활을 시작할 때는 팩스로 서류를 보내고, OHP 필름으로 프레젠테이션을 했다. 이제는 모두 세상 저 편으로 사라진 추억의 아이템이다.

집 안의 모든 기기가 AI를 통해 제어된다. 음성 명령 하나로 조명, 온도, 음악 등을 조절할 수 있다. 자율주행 자동차는 또 어떤가. 운전대를 잡지 않고도 목적지까지 안전하게 이동한다. 공상 과학 영화 속 장면이 현실이 되고 있다. AI가 개인의 건강 데이터를 분석하여 맞춤형 운동과 식단을 제공한다. 쇼핑을 할 때도 AI가 나의 취향과 구매 이력을 분석해 맞춤형 제품을 추천한다. AI가 글을 쓰고, 음악을 작곡하고, 그림을 그리고, 영상을 만든다. AI가 바꾸는 세상의 모습들이다. 패러다임의 혁명적 변화가 필요한 이유다.

패러다임은 세상을 바라보고 이해하고 접근하는 일련의 관점이다. '세상이 이러이러하니 저러저러한 관점으로 세상을 보아야지' 해서 나온 게 패러다임이다. 독립변수는 당연히 세상이다. 패러다임은 종속변수다. 세상이 전제, 패러다임이 결과인 셈이다. 그러면 생각해 볼 일이다. 세상이 바뀌었다면 패러다임도 바뀌어야 하지 않을까?

유럽을 여행하려면 유럽 지도가 필요하다. 아프리카로 떠난다면 아프리카 지도를 챙겨야 한다. 목적지에 맞춤하는 지도가 필요한 거다. 패러다임도 마찬가지다. 변화가 없다면 과거의 패러다임을 바꿀 이유가 없다. 하지만 지금처럼 시시각각 변하는 세상이라면? 두 가지가 필요하다. 하나는 기존 패러다임의 폐기이고, 또 하나는 새로운 패러다임의 구축이다.

수렵시대에는 수렵시대에 맞는 제도와 풍습이 있었다. 농경시대에는 농경시대에 맞는 관행과 규범이 생겨났다. 환경 변화에 따른 필연적인 결과다. 관점을 바꿔 생각해보자. 파도를 일으키는 것은 바람이다. 그런데 자꾸 바람을 잊고 파도만 쳐다본다. 현실을 기반으로 하여 만든 이론인데, 언제부턴가 이론으로 현실을 재단하려 한다. 주인이 손님 되고, 손님이 주인 된 격이니 세상 이치에 맞을 리 없다.

변화가 없거나 느리던 시절에는 혁신이 중요치 않았다. 똑같은 상황이 반복되니 과거의 경험이 경쟁력이었다. 산전수전 다 겪은 백전노장이 리더 역할을 맡았던 건 그래서다. 지금은 아니다. 더 이상 산에서도, 물에서도 싸우지 않는다. 오전까지 불던 동풍이 오후엔 서풍으로 바뀌는 식이다. 듣도 보도 못한 변화가 하루가 멀다 하고 이어진다. 경험의 감옥에서 탈출해야 하는 이유다.

인조에게 삼전도의 굴욕을 안겨준 병자호란 패배. 소현세자가 볼모로 청에 끌려갔다. 치욕과 분노만 놓고 보자면, 소현세자의 반청 감정은 인조보다 더했으면 더했지 모자랄 게 없었다. 하지만 소현세자는 냉철했다. 과거의 이론과 경험에 매몰되어 청을 오랑캐라 멸시하지 않았다. 국운이 상승 중인 청을 인정하고, 국제 정세에 대한 견문을 넓혔다. 승리는 단순한 분노로 만들어지지 않는다. 실력을 길러야 적을 이길 수 있는 법. 소현세자는 청을 지렛대 삼아 청을 극복하려 했다. 하지만 9년 만에 조선 땅으로 돌아온 소현세자를 인조는 반기지 않는다. 청의 꼭두각시가 되어 자신을 제거하고 권력을 쥐려는 정적으로 아들을 바라본다.

소현세자가 말한다.

"아바마마, 청나라는 서양 문물을 받아들여 하루가 다르게 성장하고 있습니다. 과거에 매달리지 마시고 미래를 보셔야 합니다."

인조의 대응은 싸늘하다.

"우린 명나라를 따라야 한다. 그게 너와 나의 정통성을 찾는 길이고, 조선의 앞날을 밝히는 길이야."

하지만 소현세자도 물러서지 않는다.

"명은 이미 망했습니다. 제가 북경에서 두 눈으로 똑똑히 보았습니다. 아바마마, 헛된 명분을 쫓지 마시고 청나라를 벗으로 삼아 신문물을 받아들여야 합니다. 그게 조선을 이롭게 하고, 아바마마를 위하는 길이옵니다. 바꿔야 합니다. 바꾸지 못하면 조선은 죽을 것입니다."

주체할 수 없는 분노로 이글거리는 인조의 눈동자. 나지막이 한마디 내뱉는다.

"눈이 바뀌었구나."

과거의 지식과 경험에 매몰된 인조는 한 발짝도 움직이지 못한다. 혁신은 요원할 수밖에.

그러고 보면 프랑스 파리 여성들의 바지 착용 금지 조례가 공식 폐지된 게 2013년이다. 여성이 바지를 입으려면 경찰의 허가를 받아야 했다. 여성의 바지 착용을 허용하는 조례 개정이 있기는 했지만, 관련 조항이 완전히 폐지된 건 2013년이 되어서였다. 대표적인 민주주의 국가인 영국에서 여성이 남성과 동등한 투표권을 얻게 된 건 1928년이다. 불과 100년 전만 해도 영국 여성들에게 투표권이 없었다는 얘기다. 지금 보면 너무나 당연한 일들도 그때는 상상도 못할 일이었던 거다. 지금의 주5일제처럼.

"문장으로 발신한 대신들의 말은 기름진 뱀과 같았고, 흐린 날의 산맥과 같았다. 말로써 말을 건드리면 말은 대가리부터 꼬리까지 빠르게 꿈틀거리며 새로운 대열을 갖추었고, 똬리 틈새로 대가리를 치켜들어 혀를 내밀었다. 혀들은 맹렬한 불꽃으로 편전의 밤을 밝혔다. 묘당에 쌓인 말들은 대가리와 꼬리를 서로

엇물면서 떼뱀으로 뒤엉켰고, 보이지 않는 산맥으로 치솟아 시
야를 가로막아 출렁거렸다."

소설 『남한산성』의 한 대목이다. 실재(實在)를 보아야 하는데,
이론(理論)에 매몰되어 있으니 견강부회(牽强附會)와 아전인수(我田
引水)의 말싸움만 넘쳐난다. 실재를 재료 삼아 만들어진 이론인
데, 이론이 실재를 뒤흔들려 한다. 본말전도다. 과거의 이론과 이
념으로는 현재와 미래의 변화에 대응할 수 없다. "왜 이런 변화들
이 생기는 거지?" 끊임없이 물어야 한다.

주6일제가 표준이던 시절을 지나 이제는 주5일만 근무한다.
주5일제라고 천년만년 정답일 리 없다. 누군가 말했다. 무언가
새로운 시도를 하기 위한 가장 좋은 방법? 말은 그만하고, 행동에
옮기는 것이다.

6

농업적 근면성은
만고불변의 미덕인가?

1907년 탄생한 포디즘(Fordism)은 자동차 제작 공정을 혁명적으로 바꾸었다. 이전까지는 수작업으로 자동차를 만들었다. 숙련된 장인이 하나부터 열까지 모든 걸 다 챙겼다. 포디즘의 도입으로 누구나 조립라인에서 일할 수 있게 되었다. 자동차 제작에 대한 지식 여부는 문제가 되지 않았다. 장인 중심에서 시스템 중심으로의 전환이다. 대량생산, 표준화, 분업의 원칙에 기반한 포디즘에서 중요한 건 '계획', '최적화', '관리', '효율' 같은 개념들이었다. 현대 경영학의 뿌리가 여기에 있다.

21세기, '잡스 경영'이 등장했다. 스티브 잡스의 경영 방식이다. '직관', '창의성', '상상력', '영감', '혁신', '유연성'이 핵심이다. 헨리 포드가 '양적 효율'을 추구했다면, 스티브 잡스는 '창조적 혁신'을 지향했다. 포드가 산업 시대를 견인한 경영 거두였다면, 잡스는 창의 시대를 개척한 혁신 리더였다.

20세기 초, 산업화와 대량생산은 경제 성장의 주요 동력이었다. 포드 방식은 이런 환경이 불러온 최적의 시스템이었다. 21세기 들어, 디지털 기술의 발전과 소비자의 요구가 다양해지면서, 혁신과 창의력이 중요해졌다. 잡스 방식은 여기에 초점을 맞춘다. 세상이 바뀌니 시장도 변한다. 포드 방식은 소비자에게 저렴한 가격의 표준화된 제품을 제공했다. 잡스 방식은 소비자의 개성과 경험을 중시하며, 맞춤형 서비스와 고부가가치 제품을 강조한다.

포드 이후 100여 년이 지난 지금, 포드형 기업의 쇠락과 잡스형 기업의 부상은 시사하는 바가 크다. 포드 방식에서 잡스 방식으로의 경영 변화는 시대적, 기술적, 시장 변화에 따른 필연적인 결과다. 경영의 방식도 결국 만고불변의 진리가 아님을, 시대 변화에 부합해야 함을 보여주는 방증이다.

그렇다면 여기서 질문 하나. 부지런함은 미덕인가? 부지런함은 오랜 시간, 미덕으로 여겨져 왔다. 특히 산업화 시대에 이르러, 이 미덕은 포드주의와 결합하며 현대 경영의 근간을 이루었다. 헨리 포드의 대량생산 방식에서 부지런함은 그 자체로 생산성과 효율성의 대명사였다. 부지런함은 끊임없는 노동, 반복적인 작업, 그리고 시간에 대한 철저한 관리로 실재화되었다.

그러나 시간이 흐르며 세상이 바뀌었다. 스티브 잡스로 대표되는 창의혁신 경영에서 부지런함은 노동의 양적 측면을 넘어서, 창의력과 혁신이라는 질적 측면으로 전이·확장되고 있다. 이 시대의 부지런함은 새로운 아이디어를 끊임없이 탐구하고, 실험적인 시도를 거듭하는 거다. 부지런함의 개념이 단순히 일의 양이나 속도에 국한되지 않는다는 거다. '어떻게 일할 것인가' 하는 질적인 측면과 '이렇게 일하는 게 맞는가' 하는 일의 방향성이 더 중요해졌다는 얘기다.

쓸 데 없는 일을 열심히 해봐야 소용없다. 아니, 외려 조직에 치명적인 위해를 가할 수도 있다. 삽으로 온종일 땅을 파봐야 포크레인으로는 채 한 시간도 안 걸리는 일이다. 세상은 저쪽으로 달려가는데, 반대 방향으로 부지런하게 뛰다가는 망할 수밖에. 부지런함이란 미덕에 대한 새로운 해석이 필요한 시점이다.

여기, A사 사례를 보자. A사는 전통적인 제조업을 영위하는 기업으로 10년 전까지만해도 업계 1위였다. 요즘은 경쟁사에 한참을 밀리며 고전 중이다. 이유가 무엇일까? A사 직원들은 여전히 부지런하다. 야근도 마다하지 않는다. 주말 특근도 불사한다. 그런데 문제가 있다. 열심히 하는 일이 더는 시장에서 통하지 않는다는 거다. 10년 전과 똑같은 제품을, 10년 전과 똑같이 만들고 있어서다. 경쟁사는 새로운 기술로 무장해 혁신적인 제품을 쏟아내는데 A사는 옛날 방식만 고수한다. 방향을 잃은 부지런함 때문일까, 그들은 시장의 변화를 읽지 못했다. 고객의 요구를 파악하지 못했다. 그저 열심히 달리기만 했다. 코스를 이탈한 경주마가 열심히 달려봐야 결과는 뻔하다. 아무리 빨리 달려도 결승선에 도달할 수 없다.

농경사회에서 근면성은 생존의 기본이었다. 농업 기술과 도구의 발전이 제한적이었기에, 성공적인 수확은 오로지 노동의 양에 의해 결정되었다. 여명부터 해질녘까지 끊임없이 논과 밭을 갈고, 메고, 가꾸었다. 손을 보태기 위해 아이도 많이 낳았다. 자식의 숫자가 곧 노동력이었던 시절의 얘기다.

시대가 바뀌면서 근면성의 개념도 변화 중이다. 하루가 다르게 새로운 기술이 쏟아져 나오는 요즘이다. 더이상 노동의 양이 결과를 좌우하지 않는다. 그 자리를 차지한 건 혁신, 창의력, 그리고 전략적 사고 같은 개념들이다. 노동의 양이 아니라 창의성과 효율성에 기반한 노동의 질이 더욱 중요해졌다.

포드 시대 때는 '얼마나 더 많이, 더 빨리 생산하는가?'가 경쟁력이었다. 잡스 시대는 '얼마나 독창적이고 혁신적인가'가 업의 성패를 결정짓는다. 부지런함이 계속 미덕으로 남으려면 부지런함의 개념 역시 진화해야 한다. 새로운 기술을 끊임없이 배우고 적응하는 능력, 끊임없이 혁신을 추구하는 태도, 끊임없이 전략적으로 생각하고 행동하는 능력을 포괄해야 한다. 단순히 물리적인 노동의 양을 넘어서, 지적인 노력과 창의적인 사고를 품어 안아야 한다.

부지런함은 여전히 미덕이다. 하지만 그 정의와 적용은 시대 흐름에 따라 진화 중이다. 기업의 경쟁력 역시 '직원들이 얼마나 오래 책상에 앉아있는가'에서 나오지 않는다. '얼마나 창의적으로, 효율적으로 문제를 해결하는가'가 경쟁력의 요체다.

주4일제 이슈도 마찬가지다. 하루 더 일한다고 더 나은 성과가 보장되지 않는다. 하루 덜 일한다고 더 나쁜 성과가 나오는 것도 아니다. 아직도 야근과 휴일 근무를 독려하고 있다고? 우리 일의 방식과 평가 기준이 시대의 흐름과 시장의 니즈에 맞는지 되돌아볼 일이다. 단언한다. 시장을 거스르며 시대를 이길 수 있는 기업은, 세상에 없다.

'가짜 일'만 없어도
주4일 근무가 가능할 텐데

장면 하나. 집 뒤편 담을 쌓을 일이 생겨 사람을 불렀다. 현장 상황을 본 조적공 왈, 나흘 치 일이란다. 내게는 이게 사흘 치 인지, 나흘 치 인지 판단할 능력이 없다. 나흘 치라 하니 그런가 보다 할밖에. 작업을 중간중간 지켜봤다. 조적공은 여유가 넘쳤다. 때때로 담배도 피우고, 함께 온 인부와 잡담도 나누고, 휴식도 취하고, 커피도 마셨다. 어느 날은 좀 일찍 일을 마치기도 했고, 어느 날은 점심시간으로 두 시간 가까이 쓰기도 했다. 신기하게도 뒷담은 정확하게 나흘 만에 완성되었다. 지금도 나는 알 수 없다.

이틀 혹은 사흘 치 분량의 일임에도 그 조적공이 나흘 치 일당을 받으려 나흘에 맞추어 쉬엄쉬엄 일을 한 건 아닌지.

　장면 둘. A과장은 대형 금융기업의 중간 리더다. 매일 아침 업무 시작 전, 수십 개의 이메일을 확인하고, 회의 일정을 조정한다. 참석하는 회의도 많다. 대부분의 회의는 아무런 성과 없이 다음을 기약하며 끝난다. 써야 할 보고서들은 또 어떻고. 일간 업무 일지부터 주간, 월간, 분기 보고서까지 줄을 서 있다. 크고 작은 프로젝트 기획안도 태산처럼 쌓였다. 그렇게 작성한 보고서들을 정작 팀장과 임원은 잘 읽지도 않는다. 대강 훑어보곤 자질구레한 부분을 보완하라는 말로 끝이다.

　매일매일 쉴 틈 없이 일하지만, 다람쥐 쳇바퀴 돌 듯 일은 늘 그 자리다. 되는 일도 없고, 안 되는 일도 없다. A과장의 영혼은 야금야금 병들어간다.

　수많은 비즈니스 현장에서 '가짜 일'이 문제다. '가짜 일'은 아무런 의미가 없는 일을 가리킨다. 조직의 자원을 쓸 데 없이 소모하는, 생산성에 실질적인 기여가 없는 일이다. 일인 듯, 일이 아닌, 일 같은 일이 '가짜 일'인 거다. 앞에서 본 두 상황에도 '가짜 일'이 녹아있다. 담당자의 영혼을 갉아먹는 조직 차원의 '가짜 일'이 있는가 하면, 담당자가 의도적으로 벌이는 '가짜 일'도 있다. 모두가 문제다. '가짜 일'의 폐해? 조직을 망가뜨린다는 거다.

「조직을 망치는 간단한 현장 매뉴얼(Simple Sabotage Field Manual)」. 미국 중앙정보국(CIA)의 전신인 전략사무국(OSS)에서 작성한 문건의 제목이다. 적국의 조직과 사회를 망가뜨리고 혼란을 유도하기 위해 만든 행동지침이다. 요컨대, 상대 조직의 업무 생산성을 떨어뜨릴 수 있는 궁극의 필살기를 모아 놓은 소책자다. 호기심으로 살펴보았다. 일견 사소해 보이지만, 치명적인 내용들로 가득하다.

예컨대, 신속한 결정이 필요할 때 회의나 위원회를 최대한 자주 열게 하거나, 어떤 일이 있더라도 지휘·명령체계를 반드시 지키도록 강요하거나, 좋은 아이디어가 나오면 단어의 정확성 등을 문제 삼아 시비를 걸거나, 실패의 책임을 누가 질 거냐며 공포심을 유발하거나, 신입사원에게 잘못된 방향으로 업무 지시를 하거나 하는 식이다. 전형적인 '가짜 일'들이다.

'가짜 일'은 조직 내부의 비효율적인 명령 체계와 의사결정 과정에서 시작된다. 가령, 신중해야 한다며 단순한 결정도 여러 단계의 승인을 거치게 하는 식이다. 시간과 자원 소모는 기본이고, 목적 없이 진행되는 회의들은 중요한 업무에 집중할 시간을 앗아간다. 과도한 문서화, 표현과 형식에 대한 엄격한 정확성의 요구는 창의적 사고를 억제하고, 업무의 본질을 흐리게 한다. 이러한 '가짜 일'들은 조직 내 불필요한 복잡성을 가중시킨다. 조직이 쏜 화살이 결코 과녁에 다다를 수 없게 만든다.

원하든 원치 않든, '가짜 일'을 하는 사람은 자신의 일이 가짜라는 것을 안다. 자신의 업무가 회사의 목표와 따로 논다는 것을 안다. 과도한 관리·감독이 그를 옥죈다. 창의적인 아이디어나 실질적인 업무 진행은 언감생심이다. 형식적인 절차와 규정 준수에 더 많은 시간을 할애한다. 직원의 동기는 저하되고, 회사의 생산성은 떨어진다. 나의 일에서 의미를 찾을 수 없는 직원들은 급기야 하나 둘 떠나간다. 많은 직장인들이 겪고 있는 현실이다.

경북 청도에 간 적이 있다. 인터넷을 검색해서 찾아간 맛집, 청도 할매김밥. 휴일이라 문을 안 열었나, 하는 의심이 들만큼 문이 닫힌 가게 앞은 인적이 없었다. 혹시나 하며 문을 열었더니 이게 웬걸, 가게 안은 손님들로 발 디딜 틈이 없다. 그런데 일반적인 식당과는 사뭇 다르다. 홀에서 식사를 하는 사람이 없다. 김밥을 사려는 사람들이 좁은 홀 안에 구불구불 길게 줄을 서있다. 그줄의 제일 앞에 있는 방 하나. 그 안에서 할매 세 분이 무척이나 절제된 동작으로 김밥을 말고 있었다. 메뉴도 딱 한가지다. 매콤한 무말랭이 김치를 따끈한 밥과 함께 말아 넣은 김밥이 전부다. 김밥이 만들어지는 공정이 군더더기 없이 깔끔하니 뚝 떨어진다.

손님과의 소통도 마찬가지다. 김밥 두 줄 주세요, 손님이 말하면 아무 말 없이 두 줄을 내어준다. 김밥을 손에 든 손님이 돈 통에 직접 돈을 넣고, 거스름돈도 알아서 챙겨간다. 할매들은 그저 김밥만 만든다. '가짜 일'은 진짜 '1'도 없는, 생산성 최고 수준의 작업 현장이다.

생산성을 높이려면 '가짜 일'이 발붙일 수 없는 조직을 만들어야 한다. 아이러니하게도 리더는 '가짜 일'을 창출하고 유지하는 주요 인물 중 하나다. 그들은 때때로 복잡한 절차와 지침에 집착한다. 업무 흐름을 방해하는 일이다. 예컨대, 완벽함에 집착하는 리더는 새로운 아이디어를 쉽게 거부한다. 창의성의 저해다. 팀의 사기와 생산성 역시 떨어질 수밖에.

일반 직원들도 '가짜 일'에 가담할 수 있다. 느린 업무 수행 속도, 중요한 절차 생략 등으로 조직의 업무 효율성에 부정적인 영향을 미친다. '가짜 일'을 생산하는 조직 내 빌런들이다.

중요한 건 업무시간의 양(量)이 아니다. 그 시간을 어떻게 채울 건지에 대한, 질(質)의 문제다. "단순함은 궁극의 정교함이다." '가짜 일'을 없애려면 곱씹어야 할 경영의 지혜다.

특별한 도구나 훈련 없이도 조직을 망치는 방법들

· 어떤 일이 있어도 지휘와 명령체계 준수토록 강요

· 최대한 의사결정 늦추기

· 최대한 자주 회의 열기

· 사소한 표현에 과도한 정확성 요구하기

· 간단한 안건도 위원회(TF)에 미루기

· 위원회는 최대한 많은 사람으로 구성하기

· 최대한 많은 연구와 리서치 검토 유도하기

· 업무와 관련 없는 주제로 이슈 제시하기

· 이미 결정된 사안 재검토하도록 유도하기

· 절차와 지침을 끊임없이 강요하기

· 함께 불평불만 제기하기

· 절차 진행을 최대한 늦추기

· 새로운 기자재 요구하기

· 잘못하는 직원 칭찬하고 보상하기

· 잘하는 직원 비판하고 차별하기

· 새로운 구성원에게 불완전하거나 잘못된 지침 알려주기

· 새로운 구성원들에게 중요도가 낮은 업무만 할당하기

· 가능한 한 문서작업 늘리기

· 업무 권한 문제로 계속 꼬투리 잡기

· 업무 결제 절차를 가능한 한 복잡하게 만들기

· 간단한 일도 세 명 이상의 승인과 결제를 거치도록 만들기

· 문서의 형식과 오탈자 등으로 집요하게 따지기

· 복사할 때 문서의 순서 뒤섞기

· 유사한 이름으로 혼란 주기

· 잘못된 주소 사용하기

· 필수 서류 빼먹기

· 중요한 연락을 받았을 때 담당자 연결 안 시켜주기

· 메일은 최대한 늦게 열어보기

· 조직을 혼란스럽게 하는 소문 퍼트리기

· 일을 대충하고 업무환경 탓하기

· 중요한 업무절차 생략하기

· 느리게 일하기

· 업무수행에 필요한 절차를 최대한 늘리기

· 업무수행에 가능한 한 많은 방해물 만들기

· 화장실에 오래 있기

· 각종 규정을 잘못 이해하고 실수하기

· 모든 상황에서 울거나 짜증내기

- 「조직을 망치는 간단한 현장 매뉴얼」에서 발췌

김전무와 박과장은
오늘도 야근 중

집에 도착했다. 언제나처럼 늦은 밤이다. 아내와 아이들은 이미 잠들었다. 사방이 고요하다. 김전무는 소파에 털썩, 몸을 던지듯 앉았다. 대표의 목소리가 귓가에 맴돌았다. "위기입니다. 임원들이 앞장서야 합니다. 당분간 토요일에도 출근해서 업무를 챙겨주세요." 머릿속이 하얗게 변했다. 이젠 가족들 얼굴도 제대로 못 보게 생겼다. 몸도 예전 같지 않다. 기분 탓일까? 물 먹은 빨래처럼 자꾸 처진다.

과연 이게 정답일까? 회의 시간 내내 고개를 끄덕이며 동의하는 척했지만 속은 아니었다. 중요한 건 일의 양(量)이 아니다. 일의 질(質)이다. 영혼 없는 직원을 그저 책상 앞에 앉혀 둔다고 일이 되는 게 아니잖은가. AI시대, 우리에게 필요한 건 유연한 사고와 발상의 전환이다. 농업적 근면성으로 족히 일주일은 해야 할 일도 디지털과 AI를 활용하면 한 시간 안에도 끝낼 수 있다. 핵심은 직원 개개인의 열정과 몰입, 창조적 역량을 끌어내는 거다.

아닌 게 아니라 김전무 역시 일의 의미와 보람을 잃은 지 오래다. 성과와 실적이라는 숫자에 갇혀 톱니바퀴 돌아가듯 기계처럼 쉼 없이 앞만 보고 달려왔다. 누구보다 빨리, 누구보다 높이 올라 어느덧 정상에 거의 다다른 것 같았는데, 이게 웬걸. 천 길 낭떠러지 위태로운 절벽이었다. 후회한들 소용없다. 이제 와서 인생의 항로를 바꾸는 건 너무나 큰 모험이다. 이 배에서 내릴 수도 없다. 사위 캄캄한 깊은 밤, 점점 눈꺼풀이 무거워졌다.

임원들의 주6일 근무 소식은 박과장도 들었다. 물론 일반 직원들과는 상관없는 일이다. 그렇다고 강 건너 불구경일 수만은 없다. 전무님이 토요일에 출근하면, 부장님도 눈치를 안 볼 수 없다. 자연스레 과장인 내게도 불똥이 튈 것이다. 주말 출근은 시간 문제다. 벌써 한숨이 나온다. 아이 둘을 키우는 입장에선 정말이지 끔찍한 시나리오다.

회사는 위기를 외치며 구조조정을 언급한다. 눈치 보기 급급한

나날들. 업무에 대한 몰입은 어느새 남의 일이 되었다. 주인의식
은 언감생심, 괜히 손 들었다가 성과가 안 나오면 뒷감당은 오롯
이 내 몫이다. 그저 상사 눈치나 살피고 시키는 것만 할 뿐이다.
이 와중에 주6일 근무라고? 직원 대부분, 당장은 현실과 타협할
거다. 하지만 잘 나가는 인재들부터 짐을 싸겠지. '누가 오래 책
상에 붙어 있는지'로 능력을 평가하는 조직에 어떤 인재가 남아
있을까? 손바닥만 한 뒷마당을 선심 쓰듯 내어주는 주인에게 천
리마가 붙어 있을 리 만무하다.

박과장은 이력서 파일을 열었다. 몇몇 사항들을 업데이트한
다. 당장은 아니더라도 더 좋은 대안이 있다면 옮기지 못할 이유
가 없다. 한편으론 개인 사업도 구상해 본다. 상시적 구조조정의
시대, 회사가 내 삶의 전부일 수 없다. 회사가 내 인생을 책임져
주지 않아서다. 오늘도 나만의 활로를 찾아 나서는 이유다.

위기는 더 이상 변수(變數)가 아니라 상수(常數)다. 많은 기업이
직원의 업무시간을 늘리는 방식으로 위기에 대응하려 한다. 산
업화 시대의 잔재다. 현대 기업 환경에서 성과의 지표는 더 이상
'시간'과 비례하지 않는다. 관건은 '혁신'이다. 우리가 일하는 방식
에 대해 다시 생각해야 한다는 얘기다. 혁신은 '얼마나' 일하는가
에 대한 이슈가 아니다. '어떻게' 일하는지에 대한 근본적인 성찰
과 근원적인 고민에서 비롯된다.

직원들이 충분한 개인 시간을 갖게 되면, 일에 대한 몰입과 열정은 자연스레 높아진다. 이러한 변화가 직원들의 건강과 행복을 향상시킨다. 우수 인재들의 이직률을 감소시킨다. 창의적이고 혁신적인 업무 환경을 조성한다. 표준적인 사고를 벗어나니 비로소 혁신 아이디어가 보인다. 일과 삶을 바라보는 구성원들의 시야가 넓어져서다. 시선이 높아져서다. 관건은 직원의 자발적인 몰입이다. 유연하고 창의적인 조직문화다. 강제와 통제에 의한 근무시간 연장은 직원들의 창의력과 열정을 억제하고, 장기적인 성과를 저해할 뿐이다.

경주마는 달리기 위해 생각을 멈추고, 야생마는 생각하기 위해 달리기를 멈춘다. 멈춰야 할 것은 생각이 아니라 달리기다. 혁신하는 사람은 그래서 멈춘다. 안주하는 사람은 멈추지 않는다. 아니, 멈추지 못한다. 그저 달린다. 김전무와 박과장은 우리 사회의 슬픈 자화상이다. 모두의 행복한 혁신 성장. 우리의 지향점은 이 것이어야 한다.

9

주4일제:
성공과 실패의 갈림길에서

삼성전자는 2023년 6월 한 달에 한 번, 주4일만 근무하는 '쉴 금' 제도를 도입했다. 매주 필수 근로시간(40시간)을 충족한 직원들은 급여일인 21일이 포함된 주의 금요일에 휴식을 취할 수 있다고 발표했다. 평소 쌓아둔 초과 근무시간을 월1회 몰아서 쓰는 개념이다. SK하이닉스 역시 유사한 방식으로 '해피 프라이데이'를 실시 중이다. 2주 동안 80시간의 근무를 마치면 다음 주 금요일에 하루를 쉴 수 있다. SK텔레콤은 해피 프라이데이를 기반으로 한 '슈퍼 프라이데이', 즉 일주일 중 금요일 조기 퇴근을 가능하게 하는 4.5일 근무제를 확장하여 운영 중이다. ㈜SK 및 SK수 펙스추구협의회는 매월 두 번, 주4일만 근무하는 '집중근무제'를 실험적으로 시작한 후 정착시켰다. CJ ENM은 매주 금요일 오전 과 오후 나눠 일하던 구조에서 벗어나 격주 금요일 전체를 외부 활동에 할애할 수 있도록 하고 있다.

주4일제는 최근 국내외 기업들이 많은 관심을 갖는 새로운 근 무 방식이다. 도입을 검토하는 기업도 많다. 이미 도입한 기업들 도 있다. 단순히 근무시간을 줄이는 것이 아니다. 일과 삶의 균형 을 통해 직원들의 삶의 질을 제고하겠다는 거다. 업무 효율성과 생산성을 향상시키겠다는 거다. 기업 경쟁력의 핵심 요소로 주4 일제가 부상하는 배경이다.

휴넷, 우아한형제들, 여기어때컴퍼니, 카카오게임즈 등 다양한 형식의 단축 근무제(주4일제, 격주4일제, 주4.5일제, 주32시간 근무제 등)를 도입한 기업들은 직원 만족도 향상, 생산성 증대, 퇴사율 감소 등 긍정적인 결과를 얻었다.

"주35시간제를 해도 업무집중도가 높고, 성과가 떨어지지 않는 것을 보고 근무시간을 더 줄였다. 주32시간제가 되니 직원들 업 무 집중도가 더 올라간 것 같다."

우아한형제들 한 임원의 말이다.

주4일제를 시행 중인 휴넷의 직원 반응도 긍정적이다.

"주4일제 도입 후 휴식 시간이 늘어나면서 업무에 보다 집중할 수 있게 되었다. 짧아진 근무시간 때문인지 직원들의 책임감도 더 늘었다. 직원들의 성숙한 태도와 회사의 신뢰가 주4일제 성공의 핵심이라고 생각한다. 고객 대응이 필요한 부서의 경우, 교대 근무나 추가 인력 배치를 통해 원활히 업무를 이어가고 있다."

IT·온라인 업종뿐만 아니다. 최근 포스코가 주4일제를 시범 도입했다. 상주 근무 중인 1만여 직원을 대상으로 한 '격주 주4일' 근무제다. 완전한 주4일제는 아니지만, 미리 근무시간을 채우면 연차 사용 없이 휴가를 누릴 수 있다. 주4일제의 가능성을 타진하기 위한, 산업 제조 분야의 본격적인 실험인 셈이다.

주4일제는 세계적으로도 확산되는 추세다. 유럽이 선두주자다. 아이슬란드 정부는 2015년부터 2019년까지 레이캬비크 시의회와 함께 공무원을 대상으로 주4일제를 실시했다. 우려와 달리 노동자들의 생산성은 유지되거나 개선되었고, 개인 여가 시간도 늘어났다. 아이슬란드의 주4일제는 성공적으로 뿌리를 내렸다.

영국에서는 2022년 7월부터 대형 금융회사 등 61개 기업이 6개월간 주4일제 실험을 진행했다. 실험 후 1년이 지난 지금까지 주4일제를 유지하고 있는 기업이 무려 89%다. 전체 실험 기업 중 51%는 영구적으로 주4일제를 시행하겠다고 밝혔다. 스페인과 스코틀랜드는 정부지원 하에 시범운용을 시작했고, 벨기에는 주4일 근무 선택권을 명시하여 노동법을 개정했다.

2024년 3월, 미국에선 「주32시간제법」이 발의됐다. 표준 근로시간을 기존 주 40시간에서 32시간으로 낮추는 내용이다. AI(인

세계 최대 규모 주4일제 실험 1년후 결과

현재 주4일제 유지중	**89**%
앞으로도 주4일제 유지예정	**51**%
직원복지향상	**55**%
직원이직률감소	**50**%
직원채용개선	**32**%
생산성향상	**46**%

* 영국에서 2022년 7월부터 61개사 대상으로 주 4일제를 시행한 뒤, 시행 1년이 지난 시점에서 관리자 대상 설문

자료 | 보스턴칼리지

공지능), 자동화, 신기술로 인한 생산성 향상의 혜택을 노동자와 공유하자는 취지다. 법안과 상관없이 이미 꽤 많은 기업들이 주 4일제를 시행 중이다. 아시아권에서도 주4일제의 확장세가 만만 치 않다. 일본 히타치와 파나소닉홀딩스도 주4일제를 도입하거 나 시험 운용 중이다. 카자흐스탄은 주4일 근무 조항이 포함된 개정 노동법을 제정, 시행 중이다.

시행 기업과 기관들에 따르면, 아직 초기이기는 하지만, 생산성 은 떨어지지 않았다는 전언이다. 직원들의 스트레스도 큰 폭으로 감소했다. 업무 스트레스가 줄자 이직률과 결근율이 줄었다.

"주4일제는 더 나은 노동력을 창출하고, 기업 생산성을 높일 뿐 아니라 사회적으로도 긍정적인 영향을 미칠 것이라고 믿는다."

주4일제 시행 기관 중 하나인 영국 채리티은행 CEO의 말이다.

물론 성공 사례만 있는 건 아니다. 실패 사례도 있다. 국내 몇 몇 기업은 준비 부족, 업무량 증가, 업무량 불균형, 경영진의 의 지 미흡, 소통 부족 등의 문제로 인해 주4일제를 실패로 끝냈다. 해외 기업들의 실패 사례 또한 주4일제가 모든 기업에게 적합한 것은 아님을 보여준다.

일주일에 4일만 출근한다고 주4일제가 아니다. 주4일제는 기업 문화와 경영 방식의 전환을 요구하는 과정이다. 성공적인 도입을 위해서는 성공 사례와 실패 사례를 냉철하게 분석해야 한다. 사전에 충분한 검토와 준비가 필요하다는 얘기다.

먼저, 기업의 상황과 문화에 대해 객관적으로 분석해야 한다. 주4일제가 우리 조직의 특성에 맞는지 꼼꼼하게 평가해야 한다. 예컨대, 고객과 직접적인 상호작용이 필요한 업종은 24시간 운영 또는 고객 응대 시간 확보가 필수적이다. 주4일제를 도입하면 서비스 시간 단축, 고객 불편, 직원들의 업무량 증가 등의 문제가 발생할 수 있다. 관광, 농업, 어업 등 계절에 따라 업무량이 크게 변동하는 업종은 성수기에 인력이 부족하고, 비수기에 인력이 남아도는 문제가 있다. 주4일제 도입과 관련하여 이런 문제들을 세밀하게 챙겨야 한다.

철저한 사전 준비도 필수다. 업무 프로세스 개선, 성과 평가시스템 변경, 직원 역량 강화 등을 위한 노력이 필요하다. 공장, 제조업체 등 생산 라인이 연속적으로 운영되는 업종은 생산량 감소, 품질 문제, 안전사고 위험 증가 등의 문제가 발생할 수 있다. 주4일제의 성공적인 도입을 위해서는 생산 효율성을 높이는 자동화 시스템 도입, 교대 근무 체계 개선 등의 노력이 전제되어야 한다. 광고, 컨설팅, IT 개발 등 프로젝트 기반 업종 또한 납기일 지연, 품질 저하, 클라이언트 불만 등의 위험 요소가 있다. 프로젝트 관리 시스템 개선, 협업 및 의사소통 강화, 업무 효율성을 높이는 도구 활용 등의 준비가 필요하다.

챙겨야 할 건 또 있다. 바로 경영진의 확고한 의지와 리더십이다. 주4일제 도입은 직원들에게 새로운 근무 방식에 대한 불안감을 야기할 수 있다. 경영진은 변화의 필요성과 목표에 대해 투명하게 소통해야 한다. 직원들의 의견도 적극적으로 수렴해야 한다. 핵심은 조직의 행복한 성장이고, 업무 효율과 생산성의 증대다. 이를 위해, 경영진은 조직 내 의사결정 메커니즘과 업무 책임을 명확히 하고, 업무 프로세스를 최적화해야 한다. 명확한 성과 목표를 설정하고, 이를 평가할 객관적인 시스템을 마련해야 한다.

지속적인 평가와 개선 이슈도 빼놓을 수 없다. 어떤 제도든 도입은 누구나 할 수 있다. 중요한 건 지속성이다. 보여주기식의 이벤트성 도입이 아니라 조직의 문화로 건강하게 뿌리내리게 하려면 계속 살펴야 한다. 운영 상황에 대한 지속적인 모니터링 얘기다. 문제가 없는지 꼼꼼하게 살피고, 문제가 있다면 개선점을 찾아야 한다. 기억해야 한다. 측정 없이는 관리할 수 없다는 걸. 개선할 수 없다는 걸.

최근 일어나고 있는 다양한 변화의 물줄기를 따라가면 결국 주4일제와 만나게 된다. AI, 자동화 등 기술 발전은 업무 효율성을 높인다. 주4일제 도입의 촉매 요소다. 일과 삶의 균형에 대한 사회적 인식 변화도 주목할 만하다. 주4일제가 미래 노동 시장의 주요 트렌드로 자리 잡을 가능성이 높다는 얘기다.

하지만 남이 입어 멋진 옷이 내게도 어울릴 지는 알 수 없다. 옷에 몸을 맞추는 우를 범해서는 안 된다. 내 몸에 꼭 맞는 옷을 직접 맞춰 지어야 한다. 주4일제 도입도 마찬가지다. 명확한 목표 설정, 효율적인 업무 프로세스 개선, 신뢰 기반의 근무 문화 조성, 적극적인 커뮤니케이션 등 앞선 기업들의 성공 요인을 지렛대 삼아 우리 조직의 상황과 문화에 맞는 맞춤형 전략을 수립해야 한다.

조급할 필요 없다. 선부를 이유도 없다. 가장 먼저 주4일제의 장단점을 객관적으로 분석해야 한다. 노동 시장 환경, 기술 발전, 사회적 인식 변화 등을 차분히 주시해야 한다. 미래 경쟁력 강화 전략으로서 주4일제를 신중하게 검토해야 한다. 방향만 맞는다면 느릴지언정 늦지 않는다. 용기 내어 시도한 작은 변화가 우리를 젖과 꿀이 흐르는 땅으로 이끌어 줄 것이다. 사람들은 그걸 혁신이라 부른다.

일잘러가 되기 위한 비법 20가지: 이것만 알면 나도 일잘러

생산성 제고 꿀팁

'일을 잘한다'는 것은 '성과를 낸다'는 의미다.

이 사람이라면 할 수 있겠다는 신뢰의 확보다.

단순한 기술을 넘어서는 일이다.

태도, 마인드셋, 업무 방식, 도구 활용법 등을 포괄하는 종합적인

능력이 필요하다.

일을 잘하는 사람과 그렇지 못한 사람의 생산성 차이는 크다.

직원 모두가 일을 잘하는 '일잘러'로 거듭난다면? 개인의 성장을

넘어 조직의 생산성이 대폭 올라간다.

주4일제의 성공적인 안착을 위해 휴넷 리더들이 함께 모여 일 잘하

는 방법에 대해 토론하고, 정리했다.

이름하여 '일잘러 비법'이다.

Arete 휴넷 일잘러 비법 20

01. Why

일을 시작할 때 이 일을 왜 하는지를
가장 먼저 생각한다.

02. CEO마인드

항상 내가 사장이라고 생각하고
주도적으로 일한다.

03. 도전정신

어떤일이든 성장의 발판으로 여기고
두려움 없이 적극 추진한다.

04. Out of comfort zone

현실에 안주하는 상황에 불편함을 느끼고,
끊임없이 새로운 것을 도전하고 시도한다.

05. 고객에 집착

고객만족을 넘어 고객에게 집착한다.

06. Growth Mindset

지적겸손함을 가지고 끊임없이 배우고
성장하고자 노력한다.

07. 협업

회사=협업, 일을 잘하는 것은
협업을 잘한다는 것이다.

08. Over communication

정확한 의도와 뜻이 전달되도록 필요하면
끊임없이 이야기하고, 반드시 확인한다.

09. 건설적 충돌

불편하고 어색한 상황을 피하지 않고,
투명하고 솔직하게 이야기한다.

10. 회의

회의는 회의참석자 모두가 적극 참여하고
함께 만들어가야한다.

11. 보고

보고는 미리미리, 수시로!
중간보고를 통해 내 일의 주도권은 내가 가져간다.

12. 피드백&피드포워드

피드백은 빠르게 주고, 적극적으로 구한다.

13. 문서화/자산화

주요 업무와 히스토리는 반드시 문서화한다.

14. To-do-list

출근 후 10분, 오늘 해야할 주요 업무를
정리하고 시작한다.

15. 우선순위

일을 시작할 때는 숲을 보며 일의 목차를 가장
먼저 정리한 후 업무 우선순위를 정한다.

16. Agile & Fast fail

생각은 길게, 실행은 빠르게!

17. 생산성 툴 활용

다양한 툴을 적극 활용하여 생산성을 높인다.

18. Arete 추구

평범함에 타협하지 않는다.
항상 아레테한 수준의 업무 목표를 설정하고,
달성을위해 노력한다.

19. 마감 관리

일의 가장 기본은 일정준수!
모든 업무는 반드시 일정을 지킨다.

20. 나만의 일잘법

나만의 일잘법을 만들어놓고
계속 업데이트해나간다.

01. Why

- 업무의 목적을 이해하고, 어떤 가치를 창출할 수 있는지 확인한다.
- 잘못된 방향의 업무를 하지 않도록 유의하며, 업무 방향성을 점검한다.
- 가치가 없다고 생각되면 업무 방향을 재검토한다.

02. CEO마인드

- 사장의 관점에서 업무를 바라보며 일의 의미를 명확히 한다.
- 내가 CEO라고 생각하며 주도적으로 아젠다와 이슈를 찾는다.
- 내가 관여한 일은 나의 일이다. 주인의식을 가지고 성과를 만들어간다.
- 성과를 위해 필요한 일이라면 스스로 찾아 수행한다

03. 도전정신

- 어려운 일을 성장의 기회로 보고, 두려움 없이 추진한다.
- 일을 해결하는 과정과 결과에서 성취감을 즐긴다.
- 일이 되게 하는 방안을 찾기 위해 적극적으로 노력한다.

04. Out of comfort zone

- 현실에 안주하지 않고 새로운 것에 도전하며, 변화와 혁신을 즐긴다.
- 비즈니스 환경의 변화에 따른 새로운 업무에 개척자적 자세로 임한다.
- 일상적인 업무에서도 최적/최선의 방안을 고민하고, 효율을 높인다.

05. 고객에 집착

- 고객 만족을 넘어 고객에 집착하며 업무를 수행한다.
- '나의 만족'이 아닌 '고객의 만족' 관점에서 업무 품질을 높여 나간다.
- 고객 관점에서 의사결정을 하고, 고객에게 어떤 도움이 될지 고민한다.

06. Growth Mindset

- 지적 겸손함을 가지고 끊임없이 배우고 성장한다.
- 기존 성공 방식을 버리고 새로운 것을 배우는 데 열린 마음을 가진다.
- 모르는 것은 다른 사람의 도움을 구하고, 새로운 전략을 시도한다.
- 업무나 태도에 대한 피드백은 감정적으로 받아들이지 않고, 성장의 자양분으로 삼는다.

07. 협업

- 전체 맥락을 파악하여 부서간 경계를 넘어 적극적으로 협업한다.
- 도움이 되는 의견이나 자료, 제안이 있다면 협업 파트너들과 적극 공유한다.
- 담당 업무가 아니더라도 팀 과제나 프로젝트 진행 시 적극적으로 돕는다.

08. Over communication

- 업무 과정 중간 중간, 업무 방향성과 진척도를 지속적으로 공유한다.
- 다양한 소통 채널을 활용하여 정확한 의도가 전달되도록 한다.
- 중요한 사항은 끊임없이 이야기하고 확인한다.

09. 건설적 충돌

* 불편하고 어색한 상황이라도 피하지 않고 투명하고 솔직하게 이야기한다.
* 성과에 도움이 되는 의견이라 생각하면 솔직하게 표현한다.
* 상호 존중 하에 최대한 품위를 지키며 의견을 나눈다.

10. 회의

* 회의 전에는 목적을 분명히 하고, 사전에 자료를 공유한다.
* 회의 중에는 의견을 두괄식으로 제시하고, 반드시 의견을 낸다.
* 회의 후에는 내용을 기록하여 의사결정, 일정, 결과물 등을 공유한다.

11. 보고

* 미리미리 보고하며, 리더의 업무 방향에 대해 지속적으로 소통하고 질문한다.
* 중간보고 때는 방향성 및 진척 사항, 조율 사항을 보고한다.
* 결과보고에는 데이터와 나의 의견, 인사이트를 포함한다.

12. 피드백 & 피드포워드

* 업무 리더와 팀원, 동료들에게 진행 사항에 대한 피드백을 수시로 주고, 구한다.
* 협업 동료에게 업무 피드백을 빠르게 주고, 적극적으로 구한다.
* 실질적 피드백을 주기 어려울 때는 검토 후 일정을 알려준다.
* 과거가 아닌 미래지향적 관점에서 앞으로 어떻게 해야 할지에 대한 제안과
  조언을 제시한다.

13. 문서화 / 자산화

* 다양한 소통 방법과 기록을 통해 커뮤니케이션 누락을 방지하고 일의 정확도를 높인다.
* 개인이 수행하는 주요 업무 및 프로젝트 내용을 상세하게 기록하고 공유한다.
* 주요 업무 히스토리와 정책은 반드시 문서화하고 자산화한다.

14. To-do-list

* 출근하면 전날의 업무 내역을 점검하고, 오늘 할 일을 계획한다.
* 중요한 일부터 처리하며, 업무 목록을 관리한다.
* 업무 계획 및 관리를 통해 우선순위와 목표, 업무시간을 체크한다.

15. 우선순위

* 일의 목차를 정리하고, 우선순위를 정한다.
* 큰 방향과 그림을 먼저 잡고, 구체적인 내용을 정리한다.
* 집중할 과제를 선정하고, 중요하지 않은 일은 과감히 폐기한다.

16. Agile & Fast fail

* 새로운 프로세스 수립이나 수행 시 단계별로 체크하고 바로 실행한다.
* 빠른 실패를 통해 배우며, 실패에서 얻은 교훈을 활용한다.

17. 생산성 툴 활용

* 협업 툴, 문서 템플릿 툴, AI 서비스 툴 등을 적극 활용한다.
* 생산성을 높이기 위한 다양한 스마트 툴을 적극적으로 찾아 활용한다.

18. Arete 추구

* 탁월한 수준의 업무 목표를 설정하고, 최고의 성과와 결과를 위해 노력한다.
* 양립 불가능한 두 가지 가치를 동시에 달성하기 위해 노력한다.
* 자료·의견 조사로 업무 품질을 높이고, 팀원 및 유관부서와 적극 소통한다.

19. 마감 관리

* 목표 일정을 합의하고 업무를 시작하며, 모든 업무는 일정을 엄수한다.
* 마감시간보다 먼저 완성한 후, 재검토를 통해 품질을 높인다.
* 일정에 쫓겨 품질을 포기할 순 없다. 두 가지 모두를 반드시 지킨다.

20. 나만의 일잘법

* 일의 목적과 의미에 대한 나만의 철학을 정리한다.
* 일 잘하는 방법을 학습하고, 나에게 맞는 방법을 적용하고 실천한다.
* 나만의 일잘법을 만들고, 주기적으로 업데이트한다.

일잘러 비법 20가지는 크게 ① 마인드셋, ② 업무 방식, ③ 소통과 협업, ④ 성장과 혁신이라는 네 개의 축으로 요약할 수 있다.

일의 목적을 이해하고, CEO처럼 생각하며, 도전과 변화를 두려워하지 않는 자세가 필요하다. 어려움을 성장의 기회로 여기고 도전하며, 컴포트 존을 벗어나 변화와 혁신을 추구하는 마음가짐이 뒷받침되어야 한다. 무엇보다 고객에 집착하는 자세와 끊임없이 배우고 성장하려는 마인드셋이 중요하다.

업무 수행에 있어서는 우선순위를 정하고, 계획을 세워 일정을 관리하며, 생산성 툴을 적극 활용한다. 실패를 두려워하지 않고 애자일하게 일하며, 최고의 성과를 추구하는 아레떼(Arete) 정신을 발휘해야 한다.

소통과 협업도 빼놓을 수 없다. 부서 간 경계를 넘어 협업하고, 과도할 정도로 소통하며, 피드백을 주고받는 것이 일의 질을 높인다. 나아가 건설적인 충돌을 두려워하지 않고, 회의와 보고를 효과적으로 활용하는 것도 중요하다.

마지막으로 성장과 혁신이다. 문서화와 자산화를 통해 지식을 축적하고, 나만의 철학과 방법론을 정립해 나가야 한다.

일잘러로의 변신, 그 길은 결코 녹록치 않다. 하지만 작은 실천들이 모여 거대한 물결이 된다. 이제 당신 차례다. 생산성과 성과를 높이는 변화의 바람, 그 위대한 시작점에 당신이 서 있다. 잊어서는 안 된다. 변화는 나의 손끝에서부터 시작된다는 걸.

"일잘러 비법이 일하는 방식에 큰 변화를 줬어요.
일의 목적이나 가치를 이해하고, CEO 마인드로 일하니까,
내 일에 더 책임감이 생기고 주도적으로 일하게 되더라고요.
도전정신이나 컴포트 존을 벗어나려는 노력은
매일을 성장하는 하루로 만들어주고,
협업과 소통 방식까지 바뀌면서 업무 효율성이 확 올라갔어요.
덕분에 개인적으로도 성장하고,
팀 전체적으로도 엄청난 시너지를 내고 있다니까요!"

"일잘러 비법을 전사적으로 교육하고 공유한 게
아주 효과적이었어요. 임원들도 일의 본질을
다시 생각하게 되었고요. 직원들이 자기 주도적으로
더 높은 몰입도로 일하는 모습을 보니,
회사 문화가 확 달라지는 걸 느낄 수 있었어요.
특히, CEO 마인드로 업무에 접근하면서부터,
전략적 사고와 의사결정의 질이 눈에 띄게 향상됐죠.
회사 전체의 생산성과 성과가 크게 올라간 건 명백한 사실이에요."

3장

일과 문화

제도만 만든다고
되는 일이 아니라고!

변화의 시작, 주4일제의 도전.
성공의 열쇠는 제도 자체에 있지 않다.
관건은 제도를 작동 가능하게 만드는 조직문화와 리더십이다.

휴넷은 이를 '휴넷웨이'로 정의한다.
행복한 직원이 행복한 고객을 만든다는
휴넷만의 행복경영철학이 기반이다.
휴넷의 주4일제는 이런 조직문화와 철학에 뿌리를 내리고 있다.

문화는 가치와 신념을 통해 조직을 이끌고, 전략을 실행한다.
조직문화가 전략을 이긴다!
전략에 우선하는 휴넷의 조직문화를 짚어본다.

1

행복경영:
가치와 철학, 영혼이 살아 숨 쉬는 회사

기업의 목적은 이익 극대화가 아니다. 기업의 진짜 성공은 고객 행복에 있다. 휴넷이 지향하는 '행복경영'의 핵심이다. 휴넷의 이야기는 눈부시거나 화려하지 않다. 하지만 끈기 있고 묵묵하다. 작은 물방울이 모여 큰 강을 이루듯, 1999년 설립된 작은 회사는 이제 임직원이 500명 가까운 조직으로 성장했다. 리더의 뿌리 깊은 철학과 가치 실현에 대한 열정 덕분이다.

휴넷의 경영철학은 직원 한 사람 한 사람의 행복을 최우선으로 삼는다. 직원 각자가 최고의 경지를 추구한다. 이를 통해 조직 전체가 성장하고 성공하는 것. 휴넷이 그려가는 행복경영철학이다. 휴넷은 단순히 일하는 장소로서의 기업을 거부한다. 개인의 성장과 행복이 조화를 이루는 공동체로서의 역할에 초점을 맞춘다.

우리는 이익 극대화가 아닌, 직원, 고객, 사회, 주주를 포함한 모든 이해관계자의 행복극대화를 목적으로 한다. '남을 먼저 이롭게 함으로써 나도 이롭게 된다'는 자리이타(自利利他)의 행복경영 이념을 바탕으로 고객의 행복한 성공을 돕는 것이 우리의 핵심 철학이다. 우리는 '에듀테크 교육혁명으로 모두가 행복한 세상을 만든다'는 사명을 달성하기 위해 매진한다. 우리는 직원행복을 최우선으로 하며. 이렇게 행복한 직원들이 고객의 행복을 위해 최선을 다하고 그 결과 주주도 행복해지는 선순환을 통해 이해관계자의 행복경영을 실천한다.

- 휴넷 회사 정관에 명기한 행복경영철학 전문

휴넷의 행복경영은 '직원 가치 제안(Employee Value Proposition)'을 통해 구체화된다. '월요일 출근이 기다려지는 회사'가 휴넷이 직원들에게 제시하는 가치다. 이를 목표로, 직원이 회사에 대해 긍정적인 감정을 가질 수 있도록 다양한 노력을 기울인다. 예술 작품에 생명을 불어넣는 과정과도 같다. 각 개인의 역량과 열정을 끌어내어 조직 전체의 조화로운 아름다움을 창출하는 거다.

이렇게 해서 수익과 성과를 낼 수 있냐고? 너무 이상적인 얘기 아니냐고? 그렇지 않다. '조용한 사직' 같은, 전에는 생각지도 못한 새로운 문제가 직장을 덮치고 있다. 영혼 없는 노동이 가득한 조직. 인터넷으로 언제, 어디서든, 전 세계와 접속 가능한 시대다. 열 사람이 도둑 한 사람을 못 잡는다는 말처럼 자리에 앉아 시간만 때우며 회사를 좀먹는 직원들을 리더가 알아채기는 어렵다.

휴넷은 이에 대한 실질적인 방법을 모색한다. 직원이 단순히 근무시간을 채우는 것이 아니라, 자발적으로 몰입하고 헌신할 수 있는 환경을 조성하는 것이 중요하다는 게 휴넷의 판단이다. 보다 타이트한 관리 체계를 구축하는 게 아니다. 직원들이 일하고 싶은 환경 조성에 초점을 맞춘다.

휴넷 HR 조직의 업무는 그래서 여타 기업들의 그것과는 다르다. 단순한 인사관리를 넘어선다. 직원을 채용하고, 평가하고, 퇴직 처리하는 일반적인 조직이 아니다. 직원들이 행복하게 일할 수 있는 환경을 조성하는 조직이다. 출근해서부터 퇴근할 때까지, 입사 면접 때부터 퇴사 이후에 이르기까지, 회사와 관련된 모든 경험을 행복하게 만들겠다는 거다. 요컨대, 행복한 직원 경험 제공이 휴넷 인재경영실의 핵심 업무다.

마케팅에서 '고객 경험'을 중요시하는 것처럼, 이제 기업들은 '직원 경험'에 주목한다. 직원 경험이 기업 성공의 핵심 요소라서다. 나를 매출을 위한 도구로 여기는 조직과 나의 행복을 목적으로 삼는 조직. 어느 조직의 직원들이 열정을 불태울 지는 뻔할 뻔 자다. 직원 성장을 목적으로 하는, 일 하기 좋은 회사 만들기가 중요한 이유다.

휴넷의 행복경영철학과 실천을 그저 성과를 위한 단순한 '수단'이라 생각하면 오산이다. 인간 본연의 가치와 행복 추구라는 '목적'에 집중한다. 이를 통해 개인이 성장하고, 조직 전체가 발전한다. 탁월함의 구현, 진정한 의미에서의 '아레떼'를 실재화하는 거다.

얼핏 보면 작게 보일 수 있다. 하지만 휴넷의 여정은 작아도 결코 작지 않다. 장석주 시인이 그랬다. 대추 한 알 안에도 태풍 몇 개, 천둥 몇 개, 벼락 몇 개, 번개 몇 개가 들어있다고. 그 안에 무서리 내리는 몇 밤, 땡볕 두어 달, 초승달 몇 날이 들어서 있다고. 그래서 대추가 붉게 익고, 둥글어지는 거라고.

행복경영을 향한 휴넷의 한 걸음 한 걸음이 그렇다. 아무도 눈여겨 보지 않던 그때 그 시절부터 지금까지, 벌써 20년 세월이 훌쩍 넘었다. '가치와 철학, 영혼이 살아 숨쉬는 회사'로서 휴넷은 묵묵히 그 길을 걷는다. 행복한 직원이 행복한 고객을 만들고, 행복한 고객이 기업의 행복한 성장을 이끌어 낼 것을 믿기에. 외로워도, 힘들어도 휴넷은 묵묵히 간다. 그 길을.

2

직원 행복을 위한
일곱 개의 매직 워드

휴넷의 행복경영철학이 강조하는 직원 행복은 단순한 복지나 급여를 넘어, 직원 개개인의 내면에 깃든 만족과 성취감에 주목한다. 하지만 문제가 있다. 사람마다 행복에 대한 정의가 다르다는 거다. 누군가는 행복을 '많은 휴가'라 생각했고, 또 다른 누군가는 '성장'이라 여겼고, 또 누군가는 '무임승차'라 인식했다. 행복에 대한 공통된 그릇이 필요했다. 휴넷의 언어로 정의한 직원 행복. 이름하여 '매직 플러스(Magic+)'가 만들어진 배경이다.

휴넷의 직원 행복 전략인 '매직 플러스'는 일곱 개의 핵심 요소로 구성되어 있다. 각각의 요소가 조화롭게 어우러져 직원 개개인의 행복과 기업의 지속 가능한 성장을 동시에 도모한다.

Meaning + Autonomy + Growth + Impact +
Connection + Fun + Safety

1. 의미(Meaning)

"내가 하는 일이 세상에 더해주는 가치를 알게 되니, 매 순간이 삶이라는 무대 위 주인공 같은 느낌이야."

위대한 예술 작품은 시대를 초월하여 우리에게 영감을 준다. 일의 의미도 마찬가지다. 일의 의미를 알게 된 직원들은 내 일을 허투루 여기지 않는다. 자신의 존재 가치를 실현하는 과정으로 받아들인다. 휴넷은 에듀테크 교육혁명을 통해 사람을 바꾸고, 세상을 바꾸겠다는 목적을 가진 교육 회사다. 이러한 일의 목적을 알게 된 직원은 그렇지 않은 직원과는, 시쳇말로 클래스가 달라진다. 의미를 알고 하는 일이라면 열정을 불태울 수 있다. 나의 성장과도 맞물려 있어서다. 휴넷이 정의하는 첫 번째 직원행복의 '의미'는 자기 업무에 대한 의미와 자부심을 강조한다.

2. 자율(Autonomy)

"화가로서 자유롭게 내 인생의 캔버스를 채워가는 이 느낌이 너무 좋아."

물이 강을 만들고, 강이 물길을 만든다. 그렇게 물은 어느 누구의 지시나 명령 없이 유유히 흘러간다. 누가 시켜서 하는 일만큼 하기 싫은 게 없다. 직원 행복에 있어 자율의 중요성은, 그래서 크다. 자율은 통제와 감시에서 벗어남을 가리킨다. 창의와 혁신의 토양이다. 휴넷 내에서 자율은 누군가의 지시가 아닌, 직원 스스로의 선택에 의해 일이 진행되는 문화를 뜻한다. 이는 직원의 내적 동기부여와 만족으로 이어진다.

3. 성장(Growth)

"조금씩 성장하는 내 모습을 보며, 나는 오늘도 더 큰 꿈을 향해 나아가."

일을 통한 직원의 성장과 발전을 의미한다. '나의 성장'은 직원들에게 커다란 행복이다. 승진보다 성장을 원하는 세대라서다. 햇빛을 받아 식물이 자라듯, 직원들은 성장이라는 조직문화를 통해 자신의 경력과 능력을 개발한다. 더 높은 수준의 자아실현을 이루며 누리는 행복이다. 기억해야 한다. 자기계발에 관심이 많은 젊은 세대는 배울 게 없으면 상사도, 회사도 '쌩 깐다'는 것을.

4. 임팩트(Impact)

"나의 노력이 빚어낸 기여와 헌신에 대한 인정이 내게 무한한 자신감을 선물해."

'임팩트'는 탁월한 성과에 대한 인정을 의미한다. 올림픽에서 금메달을 획득한 선수는 엄청난 영예를 누린다. 자신의 업무에서 뛰어난 성과를 낸 직원도 상응하는 보상과 인정을 받아야 한다. 인정은 내 열정의 불쏘시개다. 나의 기여에 대한 공정하고 합리적인 보상이 주는 행복감은 이루 말할 수 없다.

5. 동료(Connection)

"훌륭한 동료들과 함께라면, 어떤 도전도 신나는 모험이야."

조직 내 최고의 복지는 최고 수준의 동료들이다. '커넥션'은 탁월한 동료들과의 연결과 협력을 가리킨다. 직장 내 좋은 동료들과 빚어내는 아름다운 협연은 오케스트라의 그것과 다를 바 없다. 매일매일 천상의 합주를 빚어내는 직원들의 업무만족도가 올라갈 수밖에. 밝고 긍정적인 직장 분위기는 덤이다.

6. 재미(Fun)

"일터에 웃음이 넘치면, 일은 어느 순간 놀이가 되어 행복이 저절로 샘솟아."

'재미'는 업무의 즐거움을 의미한다. 기업 내 즐거운 활동과 신나는 업무 분위기는 직원들의 만족도를 높이고, 창의성을 자극한다. 공자가 그랬다. 지지자(知之者)는 불여호지자(不如好之者)요, 호지자(好之者)는 불여낙지자(不如樂之者)라. 단순히 알아서 하는 일, 좋아서 하는 일을 넘어서야 한다. 진정으로 일을 즐길 때, 일과 놀이의 경계가 무너진다. 일을 놀이처럼 할 수 있으니 행복하지 않을 도리가 없다.

7. 세이프티(Safety)

"자유롭게 내 의견을 말해도 안전하다는 신뢰감, 나의 든든한 버팀목이야."

'세이프티'는 심리적 안정감을 말한다. 자유로운 의견 표현은 휴넷의 근간을 이루는 가치다. 두려움 없이 안심하고 자신의 의견을 표현할 수 있다. 평생직장으로서의 안정감도 중요하다. 폭풍이 몰아치는 바다 한가운데라도 휴넷과 함께라면 안전한 항구에 있는 것 같은 느낌. 그래서 휴넷의 정년은 100세다. 휴넷웨이에 적합하다면 평생 함께 일할 수 있는 회사로 만들어가겠다는 의지의 표현이다. 자신이 속한 조직에 대한 깊은 신뢰감을 느끼는 이유다. 그런 안정감과 신뢰감은 행복의 또 다른 이름이다.

작은 개미가 모여 거대한 둥지를 이룬다. 조직도 마찬가지다. 여러 사람의 생각과 마음이 모여 조직문화가 만들어진다. 휴넷의

회사생활에서의 직원 행복을 7가지 요소로 정의

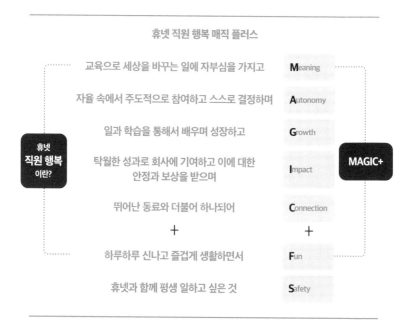

휴넷 직원 행복 매직 플러스

교육으로 세상을 바꾸는 일에 자부심을 가지고	**M**eaning
자율 속에서 주도적으로 참여하고 스스로 결정하며	**A**utonomy
일과 학습을 통해서 배우며 성장하고	**G**rowth
탁월한 성과로 회사에 기여하고 이에 대한 안정과 보상을 받으며	**I**mpact
뛰어난 동료와 더불어 하나되어	**C**onnection
+	+
하루하루 신나고 즐겁게 생활하면서	**F**un
휴넷과 함께 평생 일하고 싶은 것	**S**afety

휴넷 직원 행복 이란?

MAGIC+

매직 플러스는 '의미'에서 출발하여 '세이프티'에 이르기까지, 개인의 가치를 조직의 성장과 직결시킨다. 직원 한 사람 한 사람이 자신의 일에서 깊은 자부심과 만족을 느낄 수 있는 환경을 만든다. '자율성'이라는 바탕 위에 '성장'의 씨앗을 뿌리고, '임팩트' 있는 인정과 보상을 통해 열매를 수확한다. '연결'의 끈으로 서로를 묶고, '재미'라는 양념을 가미해 조직문화에 깊은 맛을 더한다. '세이프티'의 토양 위에서 저마다의 모든 가치가 꽃필 수 있도록, 직원 행복을 위한 휴넷의 노력은 매일같이 이어진다.

여기, 간과해선 안 될 포인트가 있다. 직원 행복을 부르짖는 많은 기업의 경우, 구호나 선언으로 그친다는 거다. 하지만 휴넷의 매직 플러스는 공허한 개념으로 끝나지 않는다. 살아 숨쉬는 현실로 존재한다. 체계적인 데이터 분석과 지속적인 개선을 통해 직원 행복을 실재화한다.

위대한 경영철학자 피터 드러커는 "측정할 수 없으면 관리할 수 없고, 관리할 수 없으면 개선할 수 없다"고 했다. 직원 행복도 마찬가지다. 휴넷은 100개에 달하는 문항을 통해 직원들의 의견을 수렴한다. 그 결과를 바탕으로 직원 행복을 진단한다. 매년 반복되는 과정이다. 서베이를 통해 드러난 결과는 조직별로도 분석한다. 각 팀 별 행복도를 극대화하는 맞춤형 전략을 위해서다.

가령, '자율'이라는 요소에서 A팀은 90점이 나왔는데, B팀 점수가 60점이라면? 자율의 구체적인 의미를 파악하고, 팀 별로 필요한 개선을 위한 조치를 한다. 휴넷은 이러한 데이터를 통해 직원 행복을 검증하고, 측정하고, 개선한다. 일하기 편한 회사를 넘어 직원들이 자신의 가치를 실현할 수 있는 행복한 회사로 발전해 나가기 위해서다.

직원 행복 서베이의 효용은 크다. 직원 행복이 단순히 '느낌'이 아닌, 측정 가능하고 개선 가능한 '지표'임을 보여준다. '사람 중심'이라는 가치가 머나 먼 이상이 아닌, 실질적인 경영전략으로 자리잡을 수 있음을 시사한다. 직원 행복에 대한 회사의 진정성을 확인한 직원들은 더 높은 생산성과 효율성을 만들어 낸다. 회사는 이를 통해 지속 가능한 성장과 혁신을 이루어 낸다. 직원 행복이 만들어내는 선순환 고리다.

이것이 전부가 아니다. 매년 진행하는 서베이 외에도 상시적인 모니터링을 실시한다. 채용 후 3개월 간의 베이직 코스가 끝나면 작성하는 신입 직원의 리포트를 통해서, 입사 1주년을 맞은 직원들을 대상으로 하는 서베이를 통해서, 그룹웨어의 무기명 게시판을 통해서, 퇴사자의 퇴직 인터뷰를 통해서, 반기별 리더십 설문을 통해서, 끊임없이 직원 행복을 진단하고, 확인하고, 조치한다. 직원 행복에 휴넷은 그만큼 진심이다.

'군주민수(君舟民水)'라 했다. 임금은 배고, 백성은 물이라는 공자의 비유다. 물은 배를 띄우기도 하지만, 배를 뒤집기도 한다. 직원 행복이라는 바다 역시 기업을 띄울 수도 있지만, 제대로 관리되지 않는다면 위기를 불러올 수 있다. 휴넷은 매직플러스 서베이를 직원 행복의 나침반으로 삼는다. 기업과 직원 모두에게 이로운 동반 성장의 길을, 돌다리 두드리듯 차근차근 두드리며 찾아간다.

가장 최근 실시된 2023년 매직 플러스 서베이 결과를 살펴보았다. 2023년 조사 참여율(90.2%)은 2020년 86.4%, 2021년 85.0%, 2022년 84.1% 대비 높은 수준이다. Magic+ 긍정응답률은 63.0%으로 지난 2020년(57.7%) 이후 꾸준히 상승 중이다. 특히 2022년은 66.8%로 역대 최고치를 기록했다. 주4일제 시행 영향으로 보인다. 부정응답률 역시 2021년 10.6% 대비 2023년 8.6%로 꾸준한 내림세다. 직원 행복 항목 별로는 의미(76.3), 자율(65.8), 세이프티(62.7) 항목들이 상대적으로 높은 점수를 기록한 반면, 임팩트(57.1)와 재미(55.9) 항목이 다소 낮게 나타났다.

눈길을 끈 건 무척이나 높은 수준의 비전 및 몰입지수다. 잘 되는 조직은 역시 이유가 있다. 참고로 주4일제를 도입했던 2022년은 모든 지표에서 넘사벽이다! 주4일제의 힘이 세긴 세다.

구분		2021	2022	2023
비전	나는 우리 회사의 사명(Mission)과 비전을 이해하고 지지한다.	77.1	89.1	83.1
	우리 회사의 비전과 전략은 구성원들에게 명확히 공유된다.	73.6	84.1	80.3
	평균	75.3	86.6	81.7
몰입	나는 다른 사람들에게 우리 회사에서 일하는 것을 자랑스럽게 말한다.	61.9	81.4	74.9
	나는 회사에서 나에게 기대하는 역할 이상의 것을 성취하고 싶은 마음이 든다.	72.2	87.9	80.9
	평균	77.0	84.6	77.9

3

직원 행복의 출발점은
채용에서부터

휴넷이 말하는 '인재 밀도'는 조직 내 우수 인재의 비율을 뜻한다. 동시에, 그들이 조직에서 얼마나 중요한 역할을 하는지를 상징한다. 좋은 인재 한 명이 조직에 미치는 영향은 작은 돌멩이를 연못에 던져 일으키는 파문처럼 크다. '인재 전쟁' 시대다. 한 사람의 인재가 100배, 200배의 생산성을 만들어낸다. 그래서 채용은 단순한 인력 충원 행위를 넘어선다. 조직의 미래를 그리고, 준비하는 일이다.

휴넷의 채용 프로세스 역시 직원 행복을 중심에 두고 진행된다. 채용 과정에서부터 시작되는 직원 행복 철학은 기업이 추구하는 문화와 가치를 신입 직원에게 전달한다. 이 과정은 장기적인 직원의 만족과 성장을 도모하는 데 중요한 역할을 한다.

직원 행복에서 비롯된 휴넷의 채용 과정은 다른 기업과 사뭇 다르다. 이를 보여주는 몇 가지 혁신적인 원칙과 제도가 있다.

첫째로, 의심스러우면 뽑지 않는다는 단호한 원칙이다. '아니다' 싶은 사람은 절대 채용하지 않는다. "의인(疑人)이면 막용(莫用)하고 용인(用人)이면 물의(勿疑)하라." 명심보감에 나오는 말이다. 의심이 가는 사람은 쓰지 말고, 사람을 썼다면 의심하지 말라는 얘기다. 휴넷이 그렇다. 일할 사람 없다고 막 뽑지 않는다. 일이 급하다고 채용의 기준을 낮추지 않는다. 팀장을 뽑을 때면 팀원들이 함께 면접을 본다. 임원을 뽑을 때는 팀장들도 면접에 참여한다. 채용의 문턱을 그만큼 더 높이는 거다.

두 번째는 베이직 코스라는 3개월의 시용 기간이다. 신규 직원과 우리 조직이 서로 잘 맞는지 체크하는 시간이다. 직원 입장에서도 회사를 제대로 판단할 수 있다. 신규 직원과 조직 모두에게 서로를 이해하고 확인할 시간을 주는 거다. 서로의 진면목을 까서 보여주는, 진실과의 대면 시간이다.

평가 과정도 천편일률적인 기준으로 이루어지지 않는다. 팀장만이 아니라 향후 함께 일하게 될 동료의 의견도 중요하게 여긴다. 부서 간 협업 중 보인 모습에 대한 입체적이고도 다면적인 평가를 진행한다.

물론 베이직 코스 3개월이 평가만의 시간은 아니다. 신규 직원이 휴넷이라는 공간에서 자신의 색깔을 찾아 꽃피울 수 있도록 돕는 중요한 과정이다. 베이직 코스는 회사의 비전과 전략을 공유하는 것으로 시작한다. 휴넷이 개발한 교육 콘텐츠를 수강하고, 회사 필독서를 읽는다. 또한 각 임원들이 진행하는 교육에도 참석하고, 대표와의 대화 시간도 갖는다. 마무리로 휴넷의 성장과 발전을 위한 리포트도 작성한다. 한마디로 휴넷이 나아가고자 하는 방향과 철학에 대한 이해를 넓히는 시간이다.

이것이 전부가 아니다. 휴넷은 '퇴사 보너스'라는 파격적인 제도를 도입했다. 3개월에 걸친 베이직 코스를 무사히 통과한 직원에게 주는 선택지다.

"회사는 너와 함께 갈 생각인데, 네 생각은 어떠니? 만약 아니라면 떠나는 것도 방법이야. 잘 생각해봐. 떠나겠다면 500만 원 줄게."

휴넷이라는 회사가 어떤 이유에서든 자신과 맞지 않다고 판단될 경우, 새로운 길을 모색할 수 있는 기회를 제공, 아니 장려하는 거다. 제도에 의문을 제기하는 이들도 있었다. 퇴사자에게 왜 보너스를 주냐고. 이 제도는 입사자에게 성찰의 기회를 준다. '이 회사가 나에게 맞나?', '나는 여기서 행복할 수 있을까?' 'No'라는 답변에도 남는다면 서로에게 독이다. 불만은 불행의 씨앗이다. 주변 사람도 불행해진다. 채용이 회사의 결정이라면, 퇴사보너스는 입사자의 선택이다. 남는다면 신뢰다. 떠난다면 용기다. 지금까지 평균 2%의 입사자가 보너스를 받고 퇴사했다.

"우리는 함께 꿈꾸는 이들과만 간다."

퇴사 보너스 레터의 첫 문장이다. 마음 없는 사람의 껍데기만 붙잡고 있어봐야 직원이나 회사나 서로 좋을 게 없다. 휴넷의 미래를 함께 그려 나가려는, 사명과 비전, 가치를 공유하는 인재만 태우겠다는 경영철학이다. 500만 원의 퇴사 보너스는 휴넷에 적합한 사람을 가려내는 마지막 관문인 셈이다.

채용에 대한 이런 접근은 신규 직원들이 자신을 회사의 미래와 동일시하게 만든다. 조직 내 자신의 역할을 찾을 수 있게 한다. 이 과정을 통해 직원들은 자신의 행복과 회사의 발전이 같은 길 위에 있음을 인지한다. 휴넷과 함께 하는 성장의 여정이 이어지는 거다. 직원 한 사람 한 사람의 행복과 조직의 성공이 어우러지는 휴넷식 성장 모델의 얼개다.

최고의 동료가 최고의 복지라 했다. 인재 밀도를 높이기 위해서는 저성과자, 일명 C-플레이어의 성장 관리도 중요하다. 휴넷은 반기 단위로 리뷰 및 평가를 진행한다. 구성원 중 C-플레이어가 있을 경우 1) 내부코칭으로 개선할 것인지 2) 인재경영실과 공식적인 C-세션을 진행할 것인지 결정한다. C-세션은 부서를 이동시키거나 자리를 빼앗는 방식이 아니다. C-플레이어를 빠르게 B-플레이어로 전환시키는 걸 목표로 3개월 동안 진행되는 일종의 맞춤형 교육 프로그램이다. C-플레이어는 조직장과 함께 구체적인 문제점을 찾아내고 논의하여 개선 계획을 수립한다. 이후 3개월 동안 적극적인 코칭과 피드백을 통해 개선하는 활동을 진행한다. 활동 종료 시점에는 현재 조직에서 평가를 진행하고 CEO, 인재경영실과 함께 하는 파이널 세션을 통해 최종 결과를 확정한다.

인재 포트폴리오에 대한 새로운 고민도 있다. 내부 정규 인력뿐만 아니라 외부의 다양한 전문가와 긱 워커의 활용에 대한 고민이다. 디지털 기술 발전에 따른 업무 방식 유연화. 이를 잘 활용한다면 더 많은 인재와 함께, 보다 행복한 성장을 만들어 낼 수 있어서다. 다양한 고용 형태를 활용한 휴넷 생태계 구축도 염두에 두고 있다. 탈중앙화 자율조직(DAO)*의 가능성도 열어두고 있다.

● **탈중앙화 자율조직**: 중앙화된 통제 없이 구성원들이 자율적으로 의사결정을 내리고 운영하는 조직 형태. 블록체인 기술을 기반으로 하며, 토큰을 통해 구성원들의 권한과 책임을 부여한다.

인재 채용은 단순한 수량적 충원이 아니다. 조직 문화와의 부합성을 고려한 질적 프로세스다. 채용이 끝이 아니다. 채용 후 이어지는 지속적인 검증과 피드백은 직원과 조직의 '핏(Fit)'을 확인하는 중요한 과정이다. 절대 잊어서는 안 될 게 있다. 직원 개개인의 행복과 성장이 조직의 발전과 성장에 직결된다는 거다.

인재 전쟁이라는 현대 기업의 격전지에서 휴넷은 직원 행복이라는 목표 아래 채용의 새로운 패러다임을 제시한다. 직원 채용에서부터 시작되는 조직문화 혁신이다. 직원과 기업 모두가 상생하는 새로운 가치가 그렇게 만들어진다.

4

리더십 이즈 에브리씽: 휴넷 리더십 10가지 원칙

경영이 바다라면 리더는 선장이다. 조직의 방향을 이끌고 직원들의 행복을 책임져야 해서다. 규모가 작을 때는 CEO의 리더십이 중요하다. 조직이 커질수록 팀장급 중간 리더의 역할도 함께 커진다. 회사의 전략과 방향이 조직 내로 흡수되려면 중간 리더의 역할이 막중하기 때문이다.

휴넷에서 리더는 단순히 목표를 설정하고 지시하는 자리나 사람이 아니다. 진정으로 동료와 소통하고 성장을 돕는 상생의 파트너다. 휴넷의 리더십 철학이 직원들이 원하는 것을 귀 기울여

듣고, 그들의 성장을 촉진하는 데 초점을 맞추는 건 그래서다. 여기 휴넷 리더십의 10가지 원칙을 가져왔다.

❶ Servant: '섬기는 자'로서의 리더 역할을 강조한다. 리더가 권위적이어서는 안 된다. 리더는 팀원들의 성장과 발전을 돕는, 봉사의 자세를 가져야 한다.

❷ hunet way: 휴넷만의 방식, 즉 조직 고유의 가치와 문화를 중시한다. 휴넷의 조직문화를 유지하고 강화하는 것을 목표로 삼는다.

❸ High performance: '또는(or)'이 아닌 '그리고(and)'를 추구한다. 흑백논리를 지양하고, 다양한 가능성을 포용하는 사고. 리더의 입체적인 시각이 높은 성과를 만들어낸다.

❹ Arete team: 최상의 성과를 내는 팀을 지향한다. 각 개인의 우수성과 팀 전체의 뛰어난 성과를 추구한다.

❺ Corporation: 우리는 하나라는 의미다. 기업 전체가 하나의 유기체처럼 움직여야 한다. 조직 내 구성원이 서로 이해하고 협력할 수 있게 한다.

❻ Change & Innovation: 변화와 혁신을 지속적으로 추구한다. 기존의 틀에 안주하지 않고, 지속적으로 새로운 방법을 모색한다. 창의적인 사고로 혁신을 도모한다.

❼ Coaching: 리더는 코칭을 통해 팀원에게 자기계발의 기회를 제공하여 개개인의 잠재력을 극대화한다. 리더는 멘토 역할을 수행하며, 팀원의 성장을 지원한다.

❽ Over communication: 과해서 문제가 되는 소통은 적다. 문제는 부족한 소통이다. 팀원 간 오해를 줄이고 협력을 증진시키려면 소통하고, 또 소통해야 한다.

❾ Customer satisfaction: 고객 만족을 최우선으로 여긴다. 리더는 고객의 요구와 기대를 이해하고 이를 충족시키기 위한 전략을 세워 팀을 이끌어야 한다.

❿ Growth Mindset: 성장 마인드셋이 중요하다. 리더는 변화와 도전을 두려워하지 않고, 항상 개선하고 성장하려는 자세를 가져야 한다.

이 원칙을 실천하기 위한 다양한 프로그램도 운영한다. 그 중 하나가 연 2회 진행되는 정기적인 리더십 진단이다. '360도 피드백'은 직원들로부터 리더의 역량을 평가받는 과정이다. 자기 자신을 객관적으로 바라볼 수 있는 기회다. 리더들은 이 평가를 통해 자신의 강점과 약점을 파악하고, 개선의 방향을 설정한다. 리더 타운홀 미팅도 있다. 전략적인 논의를 넘어, 리더들이 조직의 과제를 함께 고민하고 해결책을 만들어가는 협력의 장이다. 대표가 직접 선별한 책을 매월 리더들에게 선물함으로써 지식을 공유하며 토론하기도 한다. 리더들에게 지속적인 자기개발과 변화의 동기를 제공하는 프로그램들이다.

하지만 말처럼 되지 않는 게 우리 일과 삶이다. 리더라는 직책의 무게를 힘들어하는 이도 있게 마련이다. 이런 사람들에게 휴넷은 전문가로의 역할 전환의 기회를 부여한다. 팀장 역할이 개인의 적성과 부합하지 않을 경우를 위한 또 다른 성장의 길이다. 리더라는 옷이 몸에 맞지 않아서 퇴사한다면 개인이나 기업이나 손실이 크다. 리더 직책은 내려놓고 업무 전문가로 남아 가치를 창출하면 된다. 조직 운영의 새로운 기회와 가능성이다.

휴넷의 리더십 철학은 기업 경영에 중대한 시사점을 제공한다. 리더십은 권한과 권리가 아니다. 조직의 핵심가치를 반영하고 직원들과 공감대를 형성하는 중요한 역할이다. 리더가 바로 서야 조직이 바로 선다. 리더의 진정성과 혁신 의지는 직원의 행복과 직결된다. 당연히 조직의 성과로도 이어진다.

여기, 휴넷 리더십의 생생한 묘사를 가져왔다.

김팀장은 권위 대신 봉사의 자세로 팀원들을 이끈다(Servant). 휴넷의 가치와 문화를 수호하며(hunet way), 흑백 논리에 갇히지 않고, 다양성을 포용하는 사고로 팀원들을 감화시킨다(High performance). 개인과 팀의 시너지를 이끌어내어 최고의 성과를 창출하며(Arete team), 부서 간 칸막이를 허물고 협업을 강조한다(Corporation). 변화와 혁신은 두려움의 대상이 아니다(Change & Innovation). 오히려 그것은 기회이자 도전이다. 그는 팀원 개개인의 성장을 위해 진심을 다한다(Coaching). 진정한 멘토로서 그들의 잠재력을 꽃피우는데 헌신한다. 소통을 최우선 가치로 여기며(Over communication), 고객 만족을 위해서라면 어떠한 노력도 마다하지 않는다(Customer satisfaction). 그의 성장 마인드셋은 팀원들에게도 전파되어(Growth Mindset), 그들 역시 도전을 즐기는 혁신의 주체로 거듭나고 있다.

리더십 이즈 에브리씽!

말 그대로다, 리더십이 전부다. 리더는 직원들을 버스에 태우고 목적지를 향해 가는 운전기사와 같다. 비전을 제시하고, 동기를 부여하는 영감의 원천이다. 훌륭한 리더 없이 훌륭한 팀을 만들 수 없다. 훌륭한 리더 양성을 위한 휴넷의 리더십 프로젝트는 지금 이 순간에도 쉼 없이 돌아간다.

5

휴넷유니버시티:
세상에서 가장 많이 공부하는 회사

젊고 우수한 이 시대의 인재들은 나를 성장시켜줄 조직을 원한다. 휴넷 역시 학습문화의 중요성을 강조한다. 이를 위한 다양한 제도 도입에도 적극적이다. 대표적인 게 '휴넷유니버시티'다. 휴넷이 보유한 모든 교육 체계와 프로그램을 아우르는 표현이다. 대학인 듯, 대학 아닌, 대학 같은, 회사 내에 존재하는 또 다른 학습의 장이다. 다시 말해 '회사 내 대학' 개념이다. 직원들의 학습 경험 극대화를 위한 교육 체계다. 직원들에게 지속적인 성장 기회를 주기 위함이다.

휴넷의 업(業) 자체가 교육이다. 고객사를 위한 연수원 플랫폼만 만든 게 아니다. 휴넷 직원을 위한 자체 연수원 플랫폼도 만들었다. 휴넷 직원이라면 휴넷이 보유한 모든 온라인 교육프로그램을 제한 없이 수강할 수 있다. 사내 도서관을 이용하면 원하는 책도 얼마든지 읽을 수 있다.

휴넷은 직무 전문성을 높이는 '직무 칼리지' 과정도 운영한다. 직무 역할 변화 및 확대에 따른 업스킬(Upskill)과 리스킬(Reskill)이 목적이다. 업스킬은 현재 직무에서 요구되는 역량을 향상시키는 것을 말한다. 리스킬은 새로운 직무에 필요한 역량을 습득하는 것을 가리킨다. 단순히 지식 전달에 그치는 제도가 아니다. 실제 업무와 연계하여 실질적인 문제 해결 능력을 키울 수 있게 한다.

매주 금요일 진행하는 '혁신아카데미'도 전통이 깊다. 주4일제 실시로, 지금은 목요일로 시간대를 옮겼다. 외부 명사를 초청하여 진행하는 특강 프로그램이다. 2006년 11월부터 시작했다. 600회가 코 앞이다.

'필드앤포럼'이라는 동아리 조직도 재미있다. 자율적인 학습 조직 활동으로 현업 이슈 중심으로 다양한 방식의 자율학습을 실시한다. 직무 전문성을 강화하고 조직 역량을 제고하는 휴넷의 대표 교육 제도 중 하나다.

이런 교육 프로그램들을 언제 다 소화하냐고? 이게 다 업무 외 시간에 진행되냐고? 아니다. 대부분 업무시간 중에 진행한다. 회사와 상관없는 개인의 성장만으로 끝나지 않아서다. 회사의 당면 과제와도 맞물려 조직의 성과 제고에도 긍정적인 영향을 미쳐서다. 개인의 성장과 조직의 발전이 서로 다른 방향을 가리키지 않으니 가능한 일이다.

하루가 다르게 새로운 정보가 쏟아져 나오는 요즘이다. 양질의 정보를 고르는 것도 일이다. 휴넷은 학습레터인 '콕레터'를 통해 이런 문제를 해결한다. 매월 1회, 임직원들이 반드시 알아야 할 콘텐츠를 알뜰살뜰 큐레이션하여 메일로 보내준다. 관련 자사 교육 콘텐츠를 추천해주는 코너도 인기가 많다.

휴넷유니버시티는 이 모든 프로그램을 아우른다. 휴넷유니버시티를 통해 학습 문화가 조성되고, 직원 간의 노하우 공유와 협업이 촉진되고, 직원들이 성장하고, 회사가 발전한다.

휴넷의 또 다른 혁신적인 제도는 장기 근속 직원에게 제공되는 학습휴가다. 5년마다 주어지는 한 달의 유급 휴가다. 학습휴가라는 이름처럼, 그저 쉬고 노는 휴가가 아니다. 새로운 시각으로 새로운 세상을 볼 수 있는 재충전의 시간이다. 1999년, 회사 설립과 함께 시작된 제도다. 지금은 매년 약 70명 정도가 학습휴가를 떠난다. 입사 20년이 넘은 한 직원은 벌써 네 번의 학습휴가를 다녀왔다. 이 글을 쓰던 올 봄, 인재경영실의 한 직원은 남미로 학습휴가를 떠났다. 볼리비아와 페루, 아르헨티나를 다녀올 계획이라 했다.

제법 많은 인원이 자리를 비우지만, 회사는 잘 돌아간다. 누군가의 공백을 동료들이 기꺼이 메워주기 때문이다. 그래야 내가 학습휴가를 갈 때도 동료들을 믿고 갈 수 있어서다. 만족도 제고에 따른 직원들의 자율성과 책임감 강화는, 휴넷 학습휴가의 또 다른 효용이다.

한 달간 유럽 배낭 여행을 통해 보다 넓은 세상을 보고 온 직원도 있고, 외국어 실력 향상을 위해 어학원 집중코스를 다닌 직원도 있다. 자신의 취미나 관심사에 맞춰 관련 강좌나 동호회에 적극 참여한 직원도 있고, 소진된 몸과 마음을 추스리기 위해 건강검진, 명상, 스파, 캠핑 등에 올인한 직원도 있다. 뭐가 되었든 자기만의 방식으로 학습휴가를 만끽한다.

"우리 회사는 교육에 정말 많은 투자를 해요. 온라인 강의부터 오프라인 워크샵까지 다양한 프로그램이 있어요. 특히 학습휴가 제도가 최고예요. 업무에서 잠시 떨어져서 오롯이 자기계발에 집중할 수 있거든요."

"작년에 한 달간 학습휴가를 다녀왔는데, 정말 값진 경험이었어요. 새로운 스킬도 배우고, 인사이트도 얻고, 재충전의 시간도 가질 수 있었죠. 회사로 복귀했을 때, 일하는 게 너무 즐거운 거예요. 회사가 나의 성장을 진심으로 지지해준다는 걸 느꼈어요."

직원들의 지속적인 성장은 기업의 경쟁력 강화로 이어진다. 금전적인 보상만 보상이 아니다. 다양한 교육 지원과 학습휴가라는 비금전적인 보상과 지원 역시 직원들의 만족도와 충성도를 높이는 중요한 동기부여 요소다. 나의 성장을 중요하게 생각하는 직원들이 많아지고 있어서다.

"물론 금전적 보상도 중요하죠. 하지만 우리 회사처럼 교육과 학습에 투자해주는 곳이 많지 않아요. 이건 정말 소중한 복지라고 생각해요. 우리 회사가 직원들의 성장을 중요하게 여기니까, 저 역시 회사의 성장을 위해 최선을 다하게 되는 것 같아요. win-win이죠!"

어제 다르고 오늘 다른 요즘이다. 과거의 방식만을 더이상 고수하기 힘들다는 의미다. 개인에게나 조직에게나 혁신과 창의성을 촉진하는 학습문화가 중요한 이유다. 조직의 혁신 성장을 원하는 리더라면 휴넷유니버시티와 학습휴가 등 휴넷의 학습문화부터 톺아볼 일이다.

6

주인으로 만들어주면
주인의식은 절로 따라온다

휴넷은 직원들의 행복을 최우선 가치로 삼는다. 상명하복의 전통적인 경영 방식을 탈피한 이유다. 대신 '신뢰와 자율에 기반한 책임'이라는 독특한 기업 문화를 구축했다. 직원들의 창의력과 열정을 극대화하는 혁신적 접근이다.

휴넷은 자율성을 일터의 핵심 가치로 삼았다. 직원들에게는 자신의 업무를 주도적으로 관리할 수 있는 자율권이 부여된다. 예컨대, 업무시간과 업무장소의 유연성은 직원들의 균형 잡힌 삶을 지원한다. 직원들은 더 효율적이고 더 창의적으로 업무를 수행한다고 느낀다.

"자율적인 근무 환경 덕분에 업무에 더 집중할 수 있어요. 창의
적인 아이디어도 더 많이 떠오르는 것 같아요."

한 직원의 말이다.

정보 공유는 조직 내 신뢰의 기반이다. 휴넷은 이를 누구보다
잘 알고 있다. 경영진은 물론, 모든 직원이 회사의 비전과 목표를
공유한다. 투명성이 생명이다. 직원들은 회사의 현재와 미래를
알 권리가 있다. 그래야 진정한 주인의식이 생긴다.

많은 조직이 주인의식을 강조하지만, 정작 주인이 알아야 할
정보는 제공하지 않는다. 눈 가리고 아웅한다. 직원들의 주인의
식은 연기에 그친다. 진정성이 결여된 영혼 없는 노동. 오늘날 많
은 조직의 현실이다.

휴넷은 다르다. 모든 정보를 직원과 공유한다. 좋은 소식은 물
론, 안 좋은 소식도 마찬가지다. 직원들은 회사의 상황을 정확히
인지하고 경영진의 고민에 공감한다. 회사의 문제가 곧 자신의
문제라 여긴다. 주인의식이란 이런 거다.

"우리 회사는 정보 공유에 있어서 정말 혁신적이에요. 경영진은

회사의 모든 정보를 투명하게 공개해요. 매출, 영업이익, 심지어 경영상의 어려움까지도요. 저는 이런 문화가 너무 좋아요. 회사가 어려울 때, 경영진은 솔직하게 상황을 공유하고, 직원들과 머리를 맞대고 해결책을 찾아요. 우리는 회사의 진짜 주인이 된 느낌이에요."

회사의 재정 상황, 전략 계획 같은 중요한 정보를 공유하면, 직원들은 자신이 회사의 중요한 일원임을 느끼게 된다. 직원들의 참여도와 업무만족도는 따라 올라간다.

"회사의 전략에 대해 알게 되면, 우리 모두가 같은 목표를 향해 나아가고 있다는 느낌을 받습니다. 저도 더 열심히 참여하게 돼요. 회사 일이 아니라 내 일이니까요."

상호 신뢰를 기반으로 틈이 날 때마다 소통하고, 공유하니 나오는 직원들의 반응이다.

대외비 자료를 전 직원들과 공유해도 되냐고? 가슴에 손을 얹고 솔직하게 답해보라. 우리 전략 중에 정말로 대외비여야 할 항목이나 내용들이 얼마나 되는지. 정보가 넘쳐나는 세상이다. 안 해서 그렇지, 몰라서 못하는 일은 없다. 대외비 자료를 직원들에게 공유했다고 세상이 뒤집어지는 일은 없다는 얘기다. 외려 장점이 크다. 대외비 자료까지 공유하니 회사에 대한 직원들의 신뢰는 더욱 단단해진다. 회사 일이, 남의 일이 아니라 내 일이 된다. 알아서들 보안에 신경을 더 쓴다.

"서로의 생각을 자유롭게 나눌 수 있어, 팀으로서 더 강해진다는 느낌이에요."

아닌 게 아니라, 휴넷은 소통과 협력을 강조한다. 정기적인 워크샵, 익명 게시판, 실시간 피드백 시스템 등은 직원들이 자유롭게 의견을 나누고 협력할 수 있는 기회를 제공한다. 직원들이 서로를 더 잘 이해하고, 강력한 팀워크를 발휘하는 디딤돌이다.

익명 게시판 운영에도 고민이 많았다. 조직문화에 악영향을 끼치는 근거 없는 루머나 악성 비난들이 올라오지 않을까 해서다. 뚜껑을 열고 보니 날 것 그대로의 비판적 의견과 건설적 대안들이 많이 나왔다. 음지에서 악취를 풍기며 썩어가던 이슈가 양지로 나오니 성장의 밑거름이 된다. 대표에게 다이렉트로 던지는 익명의 질문 보드도 있다. 민감한 질문도 많이 나온다. 하나도 빼놓지 않고, 대표가 직접 명확하고 투명하고 솔직하게 답한다. 이러한 과정과 시간들이 쌓이니 이 역시 건강한 조직문화로 자리잡는다.

관리와 통제로는 좋은 인재를 채용도, 유지도 할 수 없다. 스스로의 열정에 불을 붙이는 키워드는 자율이다. 다른 말이 필요 없다. 휴넷 직원과 했던 인터뷰의 한 대목을 따왔다.

"우리 회사 직원들 정말 대단해요. 창의력이 넘치죠. 자율적인 분위기 속에서 각자의 아이디어를 마음껏 펼칠 수 있어요. 전 그게 정말 좋아요. 문득 스쳐 지나가는 생각도 바로 실행에 옮길 수 있거든요. 짜릿한 경험이에요.

회사에서 중요한 정보를 모두 공유해주는 것도 큰 장점이에요. 제가 회사의 미래를 직접 만들어가는 것 같은 느낌이 들어요. 마치 007 같다고 할까요? (웃음) 사장님과도 소통이 잘 돼요. 사장님과의 대화가 어려운 게 일반적이잖아요. 그런데 익명 게시판에서는 정말 솔직하게 의견을 주고받을 수 있어요. '헉, 이런 말도 가능하구나!' 싶을 때가 있어요. 우리 회사만의 독특한 문화예요.

회의 시간도 재밌어요. 다양한 의견이 오고 가면서 정말 유쾌한 분위기거든요. 그러면서 함께 문제를 풀어가요. 경영진은 전략을 상세히 공유하고, 우리의 의견을 적극 수렴하죠. 제가 회사의 미래를 함께 만들어간다는 자부심이 생겨요. 단순한 직원이 아닌, 진정한 파트너로서 일하는 느낌이에요.

이런 회사라면 어떤 역경이 닥쳐도 함께 이겨낼 수 있을 거예

요. 우리는 한 배를 탄 공동체니까요. 서로 믿고 의지하며 나아
갈 수 있어요. 이것이 바로 우리 회사만의 힘이에요!"

직원들이 주인의식을 갖게 하려면? 답은 간단하다. 주인으로
만들어 주면 된다. 자율과 소통이 도구다. 주인으로 거듭난 직원
들은 회사 일을 내 일처럼 한다. 내가 회사의 주인이기 때문이다.

업무 효율과 직원 복지:
두 마리 토끼를 잡다

휴넷이 추구하는 사율과 책임의 문화는 유연근무제에서 두드러진다. 자신의 상황에 맞추어 근무시간과 형태를 정하라는 거다. 먼저 시차 출퇴근제다. 2014년부터 실시된 시차 출퇴근제는 직원들에게 시간의 자유를 선사했다. 7시, 8시, 9시, 10시. 어떤 시간이든 좋다. 매일 바꾸어도 상관없다. 오늘은 9시에 출근했지만, 내일은 10시에 출근해도 된다. 결재도 필요 없다. 사전에 공유만 해주면 된다.

자녀를 둔 직원들이 특히 반기는 제도다. 유연한 일정 조정이 가능해서다. "아침에 아이들 학교에 데려다 준 후 출근해요. 이런 유연성 덕분에 일과 가정의 균형을 맞출 수 있어요" 같은 호의적인 반응이 대부분이다.

주4일제를 시작하면서 폐지했지만, 2017년 도입했던 무제한 자율휴가제도 놀랍다. 원한다면 언제든 원하는 만큼 휴가를 가라는 거다. 그러면 다들 휴가를 가지, 남아서 일 할 직원이 어디 있냐고? 실제 데이터를 분석해보면 대부분 자기에게 주어진 일반적인 연차만큼 휴가를 쓴다. 물론 더 쓰는 사람도 있다.

어떤 직원들이 더 많은 휴가를 사용하는지 분석했다. 저성과자들이 많았다. 다음이 고성과자였다. 고성과 직원들은 휴가와 상관없이 높은 성과를 낸다. 문제는 저성과자들의 잦은 휴가다. 이들에게는 강력한 코칭과 피드백이 간다. 저성과자들은 무제한 휴가제를 누릴 수 없단 얘기다. 성과를 내면 필요할 때 언제든, 얼마든 휴식을 취할 수 있으니 동기부여 요소로 효과가 크다. 업무에 더 집중하게 만든다. '성과를 낸 당신, 쉬어라!'의 철학이다.

2019년에 시작된 주4.5일제는 금요일 4시간만 일하고 퇴근하는 제도였다. 4시간 근무 후 무조건 퇴근이 아니라 4시간 근무했다면 각자의 판단 하에 자유롭게 퇴근할 수 있다는 거다. 여기서도 방점은 자율과 책임에 찍힌다. 주4.5일제의 성공적인 운영 이후, 2022년에 주4일제를 전면 도입했다. 목요일까지 주4일만 출근한다. 금요일은 '마이 데이'다. 나를 위한, 성장과 충전의 날이다. 직원 만족도는 당연히 높다.

채용 브랜드로서 휴넷의 브랜드 파워도 보다 강력해졌다. 주4일제 하나만으로도 인재 유입 효과가 무척이나 커졌다. 직원들의 스트레스는 줄고, 애사심은 높아지고, 일과 삶의 균형이 생겨나니 업무 성과도 올라간다. 물론, 부서 간 협업 등에서 문제가 생기기도 했다. 지속적인 소통과 개선 노력으로 극복해 나가는 중이다.

여기, 중요한 포인트가 하나 있다. 주4일제는 직원 복지 차원에서 시행하는 제도가 아니다. 생산성 향상을 위한 전략적 결정이다. 전통적인 근무 방식에 도전장을 던진 거다. 주4일제의 핵심은 자율성과 책임감의 균형에 있다. 5일의 업무를 4일만에 완수해야 주4일제가 돌아간다. 그저 하루 더 쉬라는 게 아니다. 업무 몰입도와 생산성을 높여 닷새간 할 일을 나흘 만에 끝내라는 거다. 일하는 방식의 재정의를 통한 업무 효율 제고다. 요컨대, 일할 때 제대로 일하고, 쉴 때 제대로 쉬자는 거다.

행복하게 일하자는 휴넷의 주4일제는 직원들에게 새로운 동기를 제공한다. 짧은 근무시간 안에 더 많은 일을 해내려 노력하니 생산성이 자연스레 올라간다. 그 과실이 회사에게만 돌아가는 게 아니다. 나 역시 일주일에 하루를 더 내 시간으로 만들 수 있는 거다. 직원들이 더욱 집중력 있게 일하는 이유다.

주4일제는 리더십의 새로운 방향을 요구한다. 관리와 통제로는 더 이상 답이 없다. 직원들의 성장에 초점을 맞추고, 그에 기반한 성과 관리 체계를 구축해야 한다. 리더에게는 새로운 도전이자 기회다. 동시에 직원들의 자율성을 존중하는 혁명적인 전환점이다.

직원들의 눈빛도 달라졌다. 회사와 한배를 탄 운명공동체라는 자부심이 생겼다. 생산성이 떨어지면 주4일제의 존립 기반이 흔들릴 수 있다. 절대 안 될 일이다. 개인과 팀 모두가 생산성 향상을 위해 머리를 맞댄다. 새로운 아이디어가 쏟아져 나온다.

업무 프로세스를 혁신하자, 불필요한 회의를 줄이자, 협업 툴을 활용하자. 치열한 토론 속에서 노하우가 축적되고, 조직 전체로 확산된다.

회사도 화답한다. 생산성 제고를 위해 무엇에 투자해야 할지 하나부터 열까지 톺아보고 실행한다. '함께 성장'이라는 공동의 목표를 가진 조직이 만들어내는 아름다운 시너지다.

다시 말하지만, 주4일제는 단순한 근무시간 축소가 아니다. 업무 효율과 직원 복지를 동시에 추구하는 혁신적인 시도다. 생산성 향상과 직원 복지는 상호 배타적이지 않다. 상호 보완 관계다. 휴넷의 주4일제 실험이 이를 웅변한다.

'지니'는 이미 호리병 밖으로 나왔다. 세상은 다시 예전으로 돌아가지 않을 것이다.

8

직원 성장 플랫폼:
경쟁에서 협력으로

휴넷, 한 차원 높은 회사 문화를 지향하는 곳. 휴넷은 자율과 책임을 중심으로 엄격한 성과주의, 아니 지독한 성과주의를 실천한다. 일에 있어서의 자유로움과 더불어, 결과에 대한 치열한 집중을 요구한다. 단순한 자유가 아니다. 프로에게 최적화된 환경이다.

프로에게 천국 같은 회사, 휴넷의 지향점이기도 하다. 휴넷에서는 프로페셔널들이 자신의 역량을 최대한 발휘할 수 있다. 반대는 어떠냐고? 저성과자나 프리라이더 직원에게는 엄격한 성과 기준에 따른 강력한 코칭과 피드백이 지속적으로 주어진다. 일을 하냐, 안 하냐가 중요한 게 아니다. 얼마나 일 했냐는 인풋도 중요치 않다. 관건은 아웃풋이다. 단순한 업무 수행을 넘어, 성과와 효율성에 초점을 맞춘 문화다. 그러니 최고의 복지처럼 보이는 제도들에 혹해 휴넷에 입사했다가는 큰코다친다. 절대 만만한 회사가 아니다. 외려 굉장히 힘든 회사다. 그 좋은 제도의 수혜를 온전히 누리려면 뼈를 깎는 노력이 따라야 한다. 진짜 프로가 되어야 한다.

"서로를 깎아 내리며 누가 더 잘하는지 경쟁하는 대신, 어떻게 하면 같이 더 잘할 수 있을지 고민하게 됐어요."

2016년부터 시작된 절대평가제는 팀원들 사이의 건강한 경쟁을 장려한다. S, A, B, C, D 같은 상대평가로 직원들을 줄 세우지 않는다. 개인의 성장에 중점을 둔 절대평가 시스템은 서로를 경쟁자로 보는 것이 아니라, 함께 성장하는 동료로서 인식하게 한다.

예전에 모 국립대학에서 몇 학기 강의를 맡았던 적이 있다. 청춘들과 함께 하는 그 시간이 감사하고 행복했다. 그런데 학기 말이 되니 성적 평가를 해야 했다. 회사에서 하던 인사평가 이상의 불편함이 나를 짓눌렀다. 대학의 상대평가제는 냉정했다. A부터 D까지, 1점 차이로도 승자와 패자를 철저하게 갈랐다. 그렇지 않으면 성적 입력 자체가 안 되는 시스템이었다.

상대평가는 경쟁을 부추긴다. 개인 간 경쟁이 심해진다. 절대
평가는 다르다. 개인의 성장을 북돋는다. 다른 사람과 나를 비교
하지 않는다. 어제의 나와 오늘의 나를 비교하니 나의 성과와 성
장에 집중한다. 휴넷이 평가 시스템을 바꾼 이유다. 절대평가로
전환했다. 직원들은 이제 서로 경쟁하지 않는다. 자신의 성장에
몰두한다. 스스로와의 싸움에서 이기려 노력한다.

평가의 궁극적인 목적은 줄 세우기가 아니다. 성장이다. 휴넷
의 팀장들은 이를 누구보다 잘 안다. 적극적인 코칭과 피드백을
통해 팀원들의 성장을 돕는다. '111 미팅'이 대표적이다. 팀원과
1개월에 1회 1시간씩, 1:1로 하는 미팅이 111미팅이다. 1년 내내
아무 소리 없다가 연말 평가에서 D등급을 주는 팀장이 있다고?
그 팀장이야말로 D등급이다. 과거를 돌아보며 직원을 평가해봐
야 버스는 이미 떠난 뒤다. 허송세월로 보낸 시간이 너무 길다.

피드백과 코칭은 연말에 한 번, 연례행사로 하는 게 아니다. 적
시에 진행되는 일상적인 활동이어야 한다. 휴넷이 '피드포워드
(Feed Forward)'*를 강조하는 건 그래서이다.

● **피드포워드**: 과거의 실수나 성과에 초점을 맞추는 것이 아니라, 미래의 행동 개선과 성공을 지원하기
위한 조언이나 정보를 제공하는 개념이다. 전통적인 피드백과 달리, 무엇이 잘못되었는지 지적하는
대신 어떻게 개선할 수 있는지에 초점을 맞춘다.

상·하반기 2회 진행하는 동료 성장 피드백도 중요하다. 직원들은 서로의 성장을 위해 건설적인 피드백을 주고받는다. 다양한 관점의 동료 의견을 통해 스스로를 객관적으로 바라보는 시간을 가진다. 건강한 '피어 프레셔(Peer Pressure)'*다. 서로 돕고 함께 성장하는 직원들. 이들이 조직 전체의 발전을 견인한다.

리더의 역할도 변하고 있다. 직원들의 성장을 촉진하는 멘토로서의 역할을, 휴넷은 강조한다. 팀장 혼자 일 잘하는 게 중요한 게 아니라서다. 팀원들을 태우고 가는 버스기사가 팀장이라서다. 올바른 목적지까지 팀원들을 잘 태우고 가서 함께 성과를 내야 하는 사람이라서다. 조직 내 MZ세대 비중이 점점 커지고 있기에 이런 시각 변화는 매우 중요하다.

자신의 역량을 최대한 개발하고 발휘할 수 있는 환경이라면 직원들이 열정의 불씨를 꺼트릴 리 없다. 알아서 잘하는 프로에게는 자유라는 날개, 다소 아쉬운 직원에게는 성장의 기회를 주면 된다. 그저 월급 받아가기 급급한 단순한 일터가 아니다. 직원들의 성장과 발전을 위한 플랫폼으로서의 휴넷 사무실은 직원들의 열정으로 오늘도 뜨겁다.

● **피어 프레셔**: 주변 사람들, 특히 동료나 친구들이 개인에게 미치는 영향력 또는 압력을 의미한다. 사람들이 자신의 동료 집단에 속해 있다고 느낄 때, 그 집단의 기대나 표준에 맞춰 자신의 행동이나 태도를 조정하려는 경향을 나타낸다.

자율과 책임의 조화:
주4일제 성공 비결

문주희 휴넷 인재경영실장 HR톡톡(Talk Talk)

직원 행복과 생산성의 동시 증진은 현대 기업의 화두다.

주4일제는 이를 위한 일의 방식 변화다.

자율을 중시하는 '창의 인재'들에게 주4일제는 무척이나 매력적이다.

채용브랜드로서 휴넷이 더 큰 브랜드 파워를 갖게 된 배경이다.

한 채용박람회에서 휴넷 문주희 인재경영실장이 진행한 강연을 지
면으로 옮겨왔다. 행복한 직원들이 빚어내는 행복한 성장 이야기다.

청년의 도전과 미래에 대한 응원과 애정이 담뿍 담겼다.

안녕하세요 여러분! 반갑습니다.

휴넷 인재경영실의 문주희 실장이에요. 오늘은 정말 특별한 이야기를 해볼까 해요. 바로 휴넷의 경영철학, 독특한 조직문화, 그리고 요즘 핫한 주4일제에 대한 생생한 현장 이야기예요!

자, 먼저 휴넷의 경영철학부터 볼까요? 휴넷은 '행복경영'을 모토로 하고 있어요. 우리는 직원이 행복해야 고객도 행복하고, 그래야 회사도 성장할 수 있다고 믿거든요. 선순환 구조라고 할 수 있죠. 17년 전, 휴넷에 처음 입사했을 때만 해도 직원이 60명도 안 되는 작은 회사였어요. 그런데 지금은 어떻냐 하면요, 450명의 직원들과 함께 1,000억에 육박하는 매출을 만들어내고 있어요. 저는 이 모든 게 '행복경영' 덕분이라고 생각해요.

우리 휴넷에는 직원 행복을 위한 일곱 가지 비밀 병기가 있어요. 우리는 그걸 '매직 플러스'라고 부르고 있죠. 그게 뭐냐면요, 일의 의미, 자율성, 성장, 인정과 보상, 좋은 동료, 신나는 일터, 심리적 안정감. 이 일곱 가지를 기반으로 직원들이 즐겁게 일할 수 있는 환경을 만들려고 항상 노력하고 있어요. 특히 자율성, 정말 중요하게 생각하고 있죠. 우리는 직원들을 믿고 신뢰해요. 그래서 자율적이고 수평적인 문화를 만들어가고 있어요.

그런데 오해하시면 안 돼요. 자유롭다고 해서 느슨한 회사는 아니에요. 오히려 엄청 치열한 조직이라고 할 수 있죠. 우리는 자율적으로 일하지만, 성과는 철저하게 관리해. 몰입해서 일하는 거죠. 그래서 우리끼리 이런 말을 해요.
"프로들에게는 천국 같은 회사, 아마추어들에게는 지옥 같은 회사." (웃음)
그래서 겉으로 보기에는 매력적이지만, 입사해서 일해보면 버티기 힘들 수도 있어요. 자율성이 높은 만큼 그에 걸맞은 성과를 내야 하니까요. 하지만 그 과정에서 엄청나게 성장할 수 있다는 게 휴넷의 최대 매력이에요. 높은 몰입도와 성과를 보이면서도, 직원들이 행복해하는 이유가 바로 이거예요.

자, 이제 메인 요리로 가볼까요? 요즘 가장 뜨거운 화제, 주4일제. 우리 휴넷은 2022년 7월부터 본격적으로 주4일제를 도입했어요. 업계 최초예요. 사실 처음에는 대부분의 임원들이 반대했는데, 대표님께서 이런 말씀을 하셨어요.
"생산성을 높이는 건 근무시간이 아니라, 업무 몰입도라고 생각합니다. 우리 직원들이 일과 삶의 균형을 찾고 더 행복해진다면, 주4일 근무로도 주5일 성과를 낼 수 있을 거예요."
이 말씀에 많은 임원들이 공감하면서 주4일제가 시작되었죠.

주4일제를 바로 시작한 건 아니고요. 2019년, 금요일 오후를 쉬는 주4.5일제로 출발했어요. 두 달 동안 시범운용을 하면서 직원들의 반응도 살피고, 제도적 완성도도 높여갔죠. 그러다 2022년, 코로나19라는 전대미문의 위기 속에서도 우리 직원들과 조직이 성장하는 걸 보면서, 주4일제를 전격적으로 도입하기로 결정했어요.

주4일 일한다고 해서 대충 일해도 되는 편한 회사라고 오해하시면 안 돼요. 우리에겐 주문 같은 숫자가 있어요.

'100-80-100'. 100-80-100 프로젝트에 쓰인 바로 그 숫자죠.
월급은 100% 다 받으면서, 근무시간은 80%로 줄이되, 성과는 100% 달성하자는 거예요. 그러려면 생산성을 엄청 높여야겠죠? 그러니 일 할 때는 제대로 몰입해야 하는 거예요.
주4일제, 정말 쉽지 않았어요. 지금도 완벽하다고는 할 수 없죠. 시행착오도 많았

고, 해결해야 할 과제들도 여전히 있어요. 하지만 우리는 포기하지 않았어요. 계속 소통하고, 개선해 나가고 있죠. 무엇보다 우리는 직원들을 믿어요. 그들이 자율적으로, 책임감 있게 일할 거라는 걸 믿기에 주4일제가 가능했던 거예요. 그 믿음 덕분에 우리는 계속 앞으로 나아가고 있어요.

주4일제의 효과요? 저희 개발팀의 한 직원은 주4일제 덕분에 아이들과 놀 수 있는 시간이 많아졌대요. 그런데 놀랍게도 아이들과 노는 게 업무에도 도움이 되더래요. 아이들의 창의력에서 영감을 얻어 획기적인 아이디어를 내놓은 거죠. 그 아이디어로 새로운 서비스까지 출시했다니까요. 또 있어요. 또 다른 직원은 주4일제 덕분에 가족들과 시간을 많이 보내다 보니, 그간 부부간에도 오해가 많았다는 걸 알았대요. 열심히 노력해서 지금은 서로를 이해하게 되었는데요. 그 경험을 통해 동료들과의 관계도 새롭게 바라보게 된 거죠. 이 직원은 회사 내에서 인기 있는 멘토로 통해요. 주4일제가 가져온 변화는 정말 놀라워요!

정량적인 효과도 커요. 직원 만족도는 90%를 넘어섰고요. 업무 효율성과 몰입도도 높아졌어요. 입사 지원자 수도 무려 열 배나 늘었죠. 많은 기업들이 벤치마킹을 하고 싶어 할 정도예요. 저희 휴넷 구성원 모두가 함께 이뤄낸 성과죠.

이게 바로 휴넷이에요.
우리는 늘 새로운 도전을 해요. 주4일제 같은, 새로우면서도 두려운 변화에 가장 먼저 뛰어들죠. 완벽하진 않아도, 우리는 계속 도전하고 있어요. 직원들을 믿고, 그들과 함께 성장하는 게 우리의 방식이에요. 직원이 행복한 회사, 고객이 신뢰하는 회사, 사회적 가치를 만드는 회사. 이게 저희 휴넷이 추구하는 방향이에요. 앞으로도 계속해서 새로운 도전을 해나갈 거예요.

자, 여러분! 지금 여러분은 인생에서 가장 중요한 선택의 순간에 서 있어요.
'어떤 회사에서 내 커리어를 시작할까?' 많이 고민되시죠? 제가 자신 있게 말씀드릴 수 있어요. 휴넷에서 여러분의 무한한 가능성에 도전해보세요. 여러분의 잠재력을 마음껏 발휘하면서, 회사와 함께 성장해 나가는 삶. 상상만 해도 설레지 않나요?

물론 휴넷이 만만한 회사는 아니에요. 오해하시면 큰코다칠 수 있어요. (웃음) 우리 휴넷은 자율만큼이나 책임도 무겁거든요. 하지만 포기하지 마세요. 포기하는 순간, 여러분의 성장도 멈출 테니까요. 휴넷에는 여러분의 열정을 알아봐 주고, 응원해 주는 동료들이 있어요.
저도 휴넷에서 17년을 보냈지만, 여전히 휴넷은 제게 설렘을 주는 회사예요. 이런 휴넷으로 여러분을 초대하고 싶습니다. 여러분의 열정으로 휴넷에 새로운 에너지를, 새로운 바람을 불어넣어 주세요.

오늘 제 이야기 들어주셔서 정말 감사드려요. 여러분의 멋진 도전을 휴넷이 응원하겠습니다! 감사합니다!

조직의 길잡이는 전략이다.
조직의 기초는 문화다.

문화는 전략 성공을 위한 토대다.
전략은 길을 만들고, 문화는 그 길을 걷게 한다.
위대한 문화가 위대한 전략을 실재화한다.

리더는 전략가다.
그리고 문화의 조형자다.
일시적인 성공을 원한다면 전략을 세워라.
지속적인 성장을 원한다면 문화를 구축하라.

기억해야 한다.
문화가 전략을 이긴다!

4장

일의 미래

워라밸을 넘어 워라인으로

직원들의 만족도가 조직의 성과로 이어진다.
일과 삶의 균형을 통한 창의성 증진이 배경이다.
직원들의 행복과 생산성 향상,
조직문화 혁신에 기여하는 새로운 가능성이다.

그렇다고 모든 조직에 기계적으로 주4일제를 적용하는 것은
적절치 않다. 업종과 직종의 특성을 고려한 유연한 접근이 필요하다.

주4일제는 지속 가능한 미래를 향한 혁신 여정의 일부다.
주4일제가 빚어낼 미래 일터의 모습?
일과 삶의 균형을 넘어 일과 삶의 통합이 관건이다!

디지털 트랜스포메이션:
일의 현재를 바꾸다

출근길, 지하철에 갇힌 직장인A의 눈빛에는 생기가 없다. 매일 아침 8시 30분, 지옥철 속에 꼬깃꼬깃 눌려 사무실에 도착한 A는 컴퓨터 전원을 켠다.

오늘따라 모니터 불빛이 눈부시다. 자신도 모르게 눈살을 찌푸린다. 매일 반복되는 출퇴근의 굴레. 숨이 막힐 정도로 갑갑한 사무실. 직장인A의 삶은 표정 없는 사무실과 숨 막히는 출퇴근 길에 갇혀 있다. 새벽에 울리는 스마트폰 알람에서 시작하여, 같은 시간, 같은 길, 같은 사무실, 같은 책상. 같은 회의들….

변화는 어느 날 갑자기 찾아왔다.

디지털 시대가 시작된 것이다. 일상은 마법처럼 변했다. 이제 그는 동네 카페의 작은 테이블에서, 한강 공원 어느 벤치에서, 내 집 편안한 소파에서 내 일에 접속한다. 세상에 접속한다. 손바닥 안 스마트폰과 노트북 안 화상회의. 스마트폰을 켜면 책상이 되고, 노트북을 열면 사무실이 된다. 화면 속 동료들은 옆에 있는 듯 생생하다.

아침에 눈을 뜨면 모닝커피를 마시며 메일을 확인한다. 오전 9시, 화상회의가 시작된다. 동료들의 얼굴이 모니터 속에 떠오른다. 회의는 효율적이다. 집중할 수 있어 더 좋다. 직접 만나지 않아도 소통하는 데 문제가 없다. 점심시간, A는 근처 공원에 간다. 공원을 산책하며 매출 계획을 고민한다. 따스한 봄바람이 상쾌하다. 오후에는 동네 카페에 자리를 잡는다. 클라우드에 접속해 발표자료를 수정한다. 노트북 하나만 있으면 어디든 내 사무실이 된다. 창밖으로 보이는 풍경이 수채화 같다.

이런 변화는 단지 개인의 일상에 머무르지 않는다. 현재를 살아가는 많은 직장인의 모습이다. 디지털 기술의 발전은 작업 공간의 경계를 허물었다. 시간과 장소의 제약을 넘어서게 했다. 사무실에 갇혀 있던 직장인들이 언제 어디서든 효율적으로 일할 수 있는 창의적 환경에 로그인한 셈이다.

　디지털 기술의 발전은 전통적인 기존의 업무 환경을 송두리째 바꿔 놓았다. 클라우드 컴퓨팅, 모바일 애플리케이션, AI의 발달은 어디서나 업무를 진행할 수 있는 새로운 장을 열었다. 사무실 중심의 경직된 근무 방식이 무너지는 것도 그래서다. 주4일제 같은 혁신적인 근무 형태가 가능해진 배경이다.

　최근 몇 년 사이, 원격근무와 유연근무제는 세계적인 추세로 자리 잡았다. 코로나19는 이런 변화를 가속화시켰다. 이제 직원들은 사무실을 벗어나 집, 카페, 공공장소 등 어디서든 업무를 수행할 수 있게 되었다.

　기술 발전은 업무 효율성과 창의성도 크게 증가시켰다. AI 기반의 스마트한 도구들은 반복적인 업무를 줄여주었다. 자동화 덕분에 사람들은 창의적인 업무에 더 많은 시간을 할애할 수 있게 됐다. 빅데이터 분석 도구들의 효용도 크다. 보다 정확하고 깊이 있는 통찰을 제공하여 의사결정의 질과 효율을 높였다.

　커뮤니케이션과 협업 방식도 달라졌다. 슬랙, 마이크로소프트 팀즈, 줌과 같은 협업 도구들은 실시간 커뮤니케이션과 협업을 가능하게 했다. 전 세계 어디에 있든 팀원들과 연결될 수 있다. 팀워크가 강화됐다. 프로젝트 관리의 효율성도 높아졌다.

바야흐로 디지털 트랜스포메이션 시대다. 월마트 고객은 디지털 음성명령장치를 통해 쇼핑을 할 수 있다. 스타벅스는 AI 분석을 통해 매장 위치를 선정하고, 고객 취향을 분석한다. 테슬라는 소프트웨어 업데이트를 통해 차량의 성능을 지속적으로 향상시키고, 이케아는 증강현실 기술을 이용해 가구가 집에 잘 어울리는지를 실제처럼 보여준다. 세상 모든 것들이 분초를 다투며 디지털로 바뀌는 중이다. 우리가 일하는 방식도 예외일 수 없다. 단순히 업무 수행 방식의 변화가 아니다. 우리의 사고와 행동, 일과 삶에 미치는 근원적인 변화다.

변화를 피할 수는 없다. 두려워해서도 안 된다. 변화가 문제라면? 해답은 혁신이다. 시대적 변화에 발맞춰 일하는 방식의 혁신이 필요한 이유다. 기존의 틀에서 벗어나 유연하게 적응해야 한다. 새로운 기회를 포용하는 동시에 장기적인 도전에 대비해야 한다. 직장인A의 변화된 일상은 우리 모두가 직면한 혁신의 시작점이다.

"격변기에 있어 최대의 위험은 변화 그 자체가 아니다. 과거의 방식으로 행동하는 것이다(The greatest danger in times of turbulence is not turbulence itself, but to act with yesterday's logic)."

변화에 맞춤하는 혁신을 강조한 피터 드러커의 말이다.

세상은 빠르게 변한다. 많은 이들이 새로운 기차로 갈아탄다. 익숙하다고, 편안하다고 타고 가던 기차에 마냥 머무르다간 나 혼자 뒤처지기 십상이다. 미래라는 하늘을 향해 훨훨 비상할 것 인가, 과거라는 덫에 걸려 그저 발버둥 칠 것인가? 우리에게 주어 진 두 개의 선택지다. 선택은 물론 나, 그리고 우리의 몫이다.

2

영혼을 집에 두고
출근하는 사람들

AI, 웹3.0, 증강현실(AR), 가상현실(VR), 사물인터넷(IoT), 클라우드 컴퓨팅, 빅데이터, 드론, 3D 프린팅, 로봇 공학, NFT… 기술 발전이 눈부시다. 다양한 디지털 도구들을 장착한 개인의 능력치도 따라서 진화 중이다. 예전에는 상상도 못했던 일들을 뚝딱 해낸다. 슈퍼맨이 따로 없다.

대표적인 게 방송이다. 예전에는 막대한 예산과 고가의 설비, 뛰어난 맨파워를 보유한 방송국에서나 제작하던 방송이었다. 지금은 아니다. 스마트폰 하나로 전 세계를 대상으로 나만의 방송을 송출한다. 디지털 플랫폼을 통해 나의 시선으로 포착한 세상을 뉴스레터로 뿌리는 사람이 있는가 하면, 인터넷 공간 속 나의 갤러리를 구축해 팬들과 소통하는 작가도 있다. 내가 추는 파워풀한 춤으로, 내가 부른 매력적인 노래로 소셜미디어를 발칵 뒤집어놓은 댄서나 가수도 차고 넘친다.

세상에 수동적으로 반응하던 사람들이, 다양한 디지털 도구를 활용해 주도적으로 세상을 바꾼다. '고유한 나'의 부상이다. 사람들이 바뀌니 일터 문화도 달라진다. 예전엔 상명하복의 문화였다. 속된 말로 '까라면 까던' 시절을 우리는 살았다. 지금은 어느 누구도 '까지' 않는다. '까'라고 그랬다간 오히려 까일 수 있다. 중앙에 집중되어 있던 권력의 분산과 해체. 바야흐로 탈중앙화의 시대다. 이제 사람들은 타인의 시선에 얽매이지 않는다. 각자의 방식으로 세상과 소통한다. 각자의 선택을 통해 각자의 길을 개척한다.

디지털 기술의 방향은 기본적으로 탈중앙화다. 중앙에 예속되어 있던 많은 것들이 디지털을 만나 자유로워진다. 블록체인이 대표적이다. 블록체인은 데이터를 체인 형태로 연결하고 분산하여 저장하는 기술이다. 하나의 중앙 서버에 데이터를 저장하지 않는다. 제3의 중앙기관이 보장해주던 신뢰를, 디지털 기술을 통해 개인들이 이어져, 서로, 함께, 직접 확보한다.

내가 원하는 새로운 나(아바타)를 만들고, 내가 원하는 새로운 화폐(암호화폐)를 만들고, 심지어는 내가 원하는 새로운 세상(메타버스)까지 만드는 사람들. 주어진 세상 규격에 맞춰 살지 않고 나를 중심으로 세상을 재구성하는 사람들! 이들이 탈중앙화 세대다. 이런 탈중앙화 세대가 우리 조직에 들어와 있다. 이들이 차지하는 업무 비중은 작지 않다. 이미 크다. 이들과의 매끄러운 소통과 협업 없이는 조직의 미래가 밝을 수 없다.

이들은 스스로를 '팔로워(follower)'라고 인식하지 않는다. '파트너(partner)'라 인식한다. 차이가 뭐냐고? 팔로워에는 수직적 위계 개념이 녹아 있다. 파트너는 수평적 협업 개념이다. 이 차이를 알아야 지혜로운 조직 운영의 길이 보인다.

이들의 관심사는 자기계발이다. 승진보다 성장을 원하는 세대다. 미래가 불확실해서다. 정년이 보장되지 않아서다. 지금 이 조직이 잘못되더라도 나는 살아야 해서다. 그러니 일의 목적이 중요하다. 목적에 부합하는 성과를 냄으로써 나의 성장을 확인할 수 있기 때문이다. 자연스럽게 일의 목적은 일에 대한 몰입으로 이어진다.

그런데 일의 목적을 얘기하는 리더는 거의 없다. 들입다 까라고만 닦달한다. 직원들의 열정에 불을 붙여야 할 리더가 오히려 불을 다 꺼버린다. '조용한 퇴사'와 '조용한 부업'이 늘어난 배경이다. 조용한 퇴사는 퇴사인 듯, 퇴사 아닌, 퇴사 같은 근무다. 있는 듯 없는 듯 시간만 때우는 거다. 조용한 부업은 회사 내 본업 외에 또 다른 수익 활동을 병행하는 것을 말한다. 조용한 퇴사든 조용한 부업이든 둘 다 마음은 이미 콩밭에 가 있다. 회사 업무가 내 마음 속 메인이 아닌 거다. 왜 그럴까? 이유는 간단하다. 직장에서 맡고 있는 나의 일에서 아무런 의미를 찾을 수가 없어서다. 그러니 영혼은 집에 두고 출근한다. 상사가 하라는 것만 하며 아무 생각 없이 하루를 보내기엔 내 영혼이 너무 불쌍하고, 거추장스럽다.

조직의 행복한 성장은 탈중앙화 세대들의 영혼을 직장까지 온전히 모셔오는 데 달렸다. 그들을 일의 주인으로 만들어 주는 게 포인트다. 그러려면 일의 목적을 알려주고, 일의 의미를 깨닫게 해주어야 한다. 정작 이 일을 해주어야 할 리더들이 일의 목적과 의미를 모른다. 그러니 직원들이 일의 의미를 되물으며 떠나간다. 더 큰 문제는, 조직에 반드시 있어야 할 인재들이 떠나간다는 거다. 좀 떠나주었으면 하는 사람들은 안 떠난다는 거다.

성공과 행복에 대한 기준이 변했다. 어떻게든 조직에서 살아남아 임원으로 승진하는 게 성공이고, 행복이던 시절이 있었다. 더 이상은 아니다. 내가 보람 있고, 내가 재미있는 일을 하며, 나로

사는 게 행복이고 성공이다. 그런 그들에게 가해지는 지시와 명령, 통제의 리더십은 유효기간이 끝났다. 지금의 근무 방식을 되짚어보아야 하는 건 그래서다.

어떻게 일해야 할까?
어떻게 해야 그들이 열정을 불사르며 일 할까?
리더의 고민은 깊어만 간다. 아니, 깊어야 한다.

3

호모 프롬프트 시대:
인간과 AI의 협업 방정식

어지간한 이미지는 이제 AI로 만든다. 간단한 프롬프트만 넣어주면 근사한 이미지를 척척 만들어낸다. 발표 자료에 들어갈 이미지도, 광고에 활용할 이미지도 눈 깜짝할 새 그려준다. 영상도 마찬가지다. 스크립트만 입력하면 영상이 나온다. 원한다면 AI를 이용해 목소리도 영상에 붙일 수 있다. 배경음악도 선택만 하면 된다. 실제로 촬영하거나 녹음한 내용 하나도 없이 영상 하나가 금세 만들어진다.

AI 기술의 발전은 콘텐츠 생산에 국한되지 않는다. 비즈니스 현장의 업무 자동화도 AI 몫이다. 예컨대, 고객 서비스 분야만 봐도 그렇다. 이제 AI 챗봇이 고객의 문의에 신속하고 정확하게 응답하는 모습은 일상이다. AI 기반 분석 도구는 대량의 데이터를 빠르게 처리하여 의사결정 과정을 간소화한다. 새로운 아이디어와 솔루션을 개발하는 데 필요한 자원도 절약할 수 있다. AI가 빚어내는 생산성 향상이다.

더 나아가 AI는 창의적 사고와 혁신을 촉진하는 역할도 한다. AI가 사용자의 취향과 요구를 분석하여 새로운 아이디어를 제시하는 식이다. 구태의연한 사고의 틀을 벗어나게 만드는 마중물 역할로 손색이 없다. 혁신 촉매제로서의 AI 역할이다.

사례는 차고 넘친다. 한 온라인 쇼핑몰 업체는 AI 기술을 활용하여 고객 맞춤형 상품 추천 시스템을 도입했다. 고객의 과거 구매 이력, 검색 기록, 웹사이트 내 행동 패턴 등을 분석하여 개인별 취향에 맞는 상품을 추천한다. 고객 만족도가 크게 향상되었다. 상품 구매 전환율도 증가했다.

AI 디자인 도구를 활용하여 디자인 프로세스를 최적화한 디자인 회사도 있다. AI에게 디자인 콘셉트와 키워드를 입력하면, 다양한 디자인 아이디어와 시안을 제안한다. 디자이너들은 이를 바탕으로 보다 창의적인 디자인을 개발할 수 있게 되었다. AI 기술로 디자인 리소스를 자동 분류하고 관리할 수 있어 작업 효율성도 크게 향상되었다. AI 디자인 도구 활용으로 디자인 개발 속도가 훨씬 빨라졌다. 고객 만족도도 큰 폭으로 상승했다.

모든 사물에 AI가 들어가는 시대다. AI 없이는 비즈니스도 없다. 호모 프롬프트(Homo Prompt)는 AI와 상호작용하며 새로운 가치와 해결책을 창출하는 새로운 인류의 모습을 의미한다. AI 기술 발전과 활용 증가로 인해 등장한 신조어다. 인간과 AI의 상호작용이 더욱 활발해짐을 뜻한다. 인간이 AI에게 질문을 던지고 답변을 받는 것이 일상화된 현상을 반영한다. 정보 검색, 데이터 분석, 심지어 창의적 사고에 이르기까지 다양한 업무 영역에서 AI를 활용한다. 과거 컴퓨터 프로그래머 같은 전문가들만 사용하던 프롬프트를, 모든 사람이 쉽게 활용할 수 있는 시대가 된 것이다.

호모 프롬프트라는 신인류는 AI의 도움으로 더 빠르고 더 정확한 의사결정을 내린다. 동시에 AI가 제공하는 통찰력을 바탕으로 창의적인 아이디어를 도출한다. 호모 프롬프트는 AI의 진화와 함께 발전하는 인간의 역량을 상징한다. AI를 통해 인간은 반복적이고 기계적인 작업에서 벗어나 보다 전략적이고 창의적인 역할을 수행하게 되었다. 기계는 할 수 없는, 인간만이 할 수 있는 심오한 사고와 판단이 중요해졌다는 얘기다.

호모 프롬프트 시대의 업무 수행은 인간과 AI의 협업으로 이뤄진다. AI 에이전트가 인간을 대신해 다양한 업무를 처리한다. 단순 반복 작업부터 복잡한 분석까지 AI의 역할이 확대될 전망이다. 인간은 AI 에이전트의 업무 수행 결과를 모니터링하고 평가하는 역할을 맡게 된다.

구체적으로 살펴보자. 먼저, 인간은 AI 에이전트에게 업무를 할당한다. 명확한 목표와 기대치를 설정하고 필요한 정보를 제공한다. AI 에이전트는 주어진 과제를 자율적으로 수행한다. 방대한 데이터를 분석하고 최적의 솔루션을 도출한다. 업무 진행 상황을 실시간으로 공유하고 필요시 인간의 개입을 요청한다. 업무가 완료되면 인간은 결과물을 검토하고 평가한다. 이런 피드백을 바탕으로 AI 에이전트는 스스로 학습하고 진화한다. 다음 업무에선 더욱 완성도 높은 결과물을 기대할 수 있다.

AI가 실무를 담당하고, 인간은 전략적 의사결정에 집중한다. 단순 작업은 AI에 맡기고 인간은 창의적 사고에 몰두한다. 인간은 AI를 관리하고 통제하는 역할을 수행한다. AI와의 상호작용으로 일의 효율성과 창의성이 극대화될 전망이다. AI와의 효과적인 협업 능력이 경쟁력으로 부상한 이유다. 일의 방식 변화는 예정된 시나리오다. 새로운 형태의 업무 환경에 대응하는, 기업들의 선제적 준비가 필요한 이유다.

적극적인 AI 도입과 활용이 첫 번째 과제다. 단편적인 AI 기술 도입에 그쳐서는 안 된다. 전략적으로 업무 전반에 AI를 녹여내는 것이 핵심이다. RPA, 챗봇, 스마트 팩토리 등 AI 기반 자동화 솔루션 도입을 적극 검토해야 한다. AI 기반의 새로운 비즈니스 모델과 서비스 개발에도 힘써야 한다. AI와 인간이 협업하는, 새로운 업무 프로세스 구축도 중요한 이슈다.

다음은 유능한 '호모 프롬프트'의 육성이다. 주어진 문제를 빨리, 잘 푸는 게 지금까지 우리의 역할이었다. 이제 문제 풀이는 AI 몫이다. 우리가 해야 할 일은 문제를 '푸는' 게 아니라 문제를 '발견하고 정의하는' 거다. 무엇이 우리가 풀어야 할 문제인지 제대로 찾는 게 관건이다. 호모 프롬프트의 역량은 '대답'이 아니라 '질문'에 달렸다. 질문의 높이와 깊이가 AI 활용의 성패를 가른다. 세상은 '질문'에 의해 바뀐다. 주도권은 '대답'이 아니라 '질문'에 있다. 창의적인 사고와 문제 해결 능력, 의사소통과 협업 능력이 핵심이다.

마지막은 유연한 조직문화로의 혁신이다. 언제 어디서나 일할 수 있는 유연한 근무 환경을 조성해야 한다. 클라우드, 모바일, 화상회의 등 원격 협업을 뒷받침하는 IT 인프라에 대한 투자가 전제다. 재택근무, 탄력근무제 등 다양한 유연근무제에 열린 마음으로 접근해야 한다. AI를 매개로 한 새로운 방식의 소통과 협업 체계 설계도 빼놓을 수 없는 숙제다. 수직적, 일방적, 권위적 조직문화는 AI와의 효과적 협업과 변화에 대한 빠른 수용을 가로막는 걸림돌이다. 수평적, 쌍방향적, 포용적 소통 문화 정착도 관건이다.

AI가 만들어내는 변화의 시대, 생존과 성장의 열쇠는 혁신이다. 미래 비즈니스의 성패가 걸린 일이다. 변화의 파도에 휩쓸리는 기업과 변화의 물결을 주도하는 기업. 누가 승자가 될 것인지는 불문가지다. 인간과 AI의 협업 방정식, 그 효과적인 해(解)를 찾아야 할 때다. 단순히 주5일 일하냐, 주4일 일하냐의 문제가 아니란 얘기다.

나폴레옹의 군대가
승승장구한 이유

1805년, 프랑스와 오스트리아-러시아 연합군이 맞붙었다. 프랑스의 대승으로 나폴레옹이 유럽의 지배자임을 세상에 선포한 아우스터리츠 전투였다. 모든 게 불리한 상황이었음에도 예상을 뒤엎고 프랑스 군대가 압도적인 승리를 거두었다. 나폴레옹이 치른 수많은 전투 가운데 가장 위대한 전투라 일컬어지는 이유다.

승리의 비결은 무엇이었을까? 답은 병사들의 주인의식이었다. 프랑스 병사들은 대부분 서민 출신이었다. 과거, 귀족 영주들 밑에서 억압받고 살던 이들이었다. 프랑스 대혁명으로 인해 지금은 나라의 주인이 된, 공화정 체제의 병사들이었다. 그들은 아우스터리츠 전투가 귀족과 영주를 위한 것이 아님을 알고 있었다. 자신의 자유와 권리를 지키기 위한 것임을 알고 있었다. 나와 내 가족, 내 나라를 지키기 위한 전투였기에 그들은 죽기를 각오하고 전투에 임했다.

"병사들이여, 민중은 그대들을 기쁘게 맞이할 것이다. 그대들이 '나는 아우스터리츠의 전장에 있었다'고 말하기만 하면 프랑스의 민중은 '보라, 여기 진정한 용사가 있다'고 말하리라."

아우스터리츠 전투 직후 나폴레옹이 병사들에게 남긴 훈시다.

'대리인 문제'는 어떤 조직도 피해갈 수 없는 이슈다. '본인(principal)'과 '대리인(agent)' 사이, 정보의 격차가 원인이다. 본인은 대리인의 행동을 완벽히 통제할 수도, 완전히 파악할 수도 없다. 반면 대리인은 자기의 이익을 위해 자신의 행동을 숨길 수 있다. 이러한 정보 비대칭성이 본인과 대리인 사이 이해충돌을 낳는다. 그 결과로 본인의 이익이 훼손될 위험이 있다는 게 대리인 문제의 골자다.

대표적인 예를 기업경영에서 볼 수 있다. 주주와 경영자 사이의 관계다. 주주(본인)는 기업의 소유주이지만, 기업 경영은 경영자(대리인)에게 맡긴다. 하지만 경영자의 경영 목표가 주주의 이익이 아닐 수도 있다. 예컨대, 경영자 자신의 이익을 위해 기업의 자원을 낭비하거나, 위험한 투자를 할 수 있단 얘기다.

경영자와 직원 관계도 다를 바 없다. 모든 업무를 경영자(본인) 혼자 처리할 수 없어 채용한 직원(대리인)들이다. 하지만 세부 업무와 관련한 디테일한 정보들을 경영자가 100% 알 수는 없다. 그걸 악용하는 직원들이 생기게 마련이다. 회사가 아니라 자신의 이익을 위해 업무를 태만히 하거나 회사의 자원을 빼돌리는 직원들이 그들이다.

아우스터리츠 전투만 봐도 그렇다. 오스트리아-러시아 연합군 병사들에게 이 전투는 져도, 이겨도 크게 달라질 게 없었다. 진다고 하층민으로서의 삶이 더 나빠질 것도 없고, 이긴다고 뭐 하나 내게 돌아오는 것도 아니었다. 그저 왕과 귀족, 영주들을 위한 전투였다. 게다가 내가 죽거나 다치면 고향 가족들의 생계마저 막막해진다. 그러니 무사히 고향으로 돌아가는 게 최선이다. 죽자 사자 전투에 임하는 프랑스 군대를 절대 이길 수 없는 이유였다. 결국 오스트리아와 러시아의 발목을 잡은 건 대리인 문제였다. 왕정 체제를 수호하려 거병한 연합군은 이 문제를 풀지 못했지만, 왕정을 무너뜨리고 공화정 체제를 수립한 프랑스는 이 문제를 푼 것이다. 그것도 아주 훌륭하게! 풀이 방법은 특별할 것

하나 없다. 그저 '대리인'을 '본인'으로 만들어 준 거다.

수많은 조직이 주인의식을 외친다. 강요한다고 생기는 게 주인 의식이라면 대리인 문제로 곤경에 처할 조직은 이 세상에 없다. 주인의식은 당근이나 채찍으로 이끌어낼 수 있는 게 아니다. 맨날 노예 취급하면서 주인의식을 가지라 닦달하니 노예들이 꺼내 든 카드? 얼굴에 분칠하고 주인의식을 연기하는 거다. 영혼 없는 노동의 근원이다.

오후 1시 반. 점심식사를 마친 휴넷 직원들. 사무실 한가득, 나른함이 내려앉았다. 대표의 의자가 뒤로 젖혀졌다. 대표의 낮잠이다. 점심 식사 이후 10~20분 정도 종종 낮잠을 잔다. "집중력을 높이려면 잠깐의 휴식이 필요해요. 졸릴 땐 잠깐 자고, 다시 일에 몰입합시다." 대표의 평소 지론이다. 하지만 위치가 다르고, 입장이 다르다. 한 신입사원이 물었다. "진짜 저희도 낮잠을 자도 되나요?" 대표의 답변은 단호하다. "물론이죠. 업무 효율을 위해섭니다." 대표는 전사 공지를 통해 낮잠 문화를 공식화했다. "낮잠 자는 게 불편할 줄 알았어요. 하지만 정말 도움이 돼요. 잠깐의 휴식 후에 업무에 더 집중할 수 있으니까요." 휴넷의 낮잠 문화는 이제 직원들에게 익숙한 일상이다.

중요한 건 제도가 아니다. 반바지 입어도 된다고 아무리 제도를 만들어 봐야 우리 팀장님, 부장님, 전무님이 맨날 정장 입고 출근한다면 말짱 꽝이다. 더군다나 반바지 입은 직원을 마뜩잖은 표정으로 쳐다보는 리더가 있다면 제도는 있으나 마나다. 그래서 중요한 게 조직문화다. 문화가 무르익어 제도가 되는 거지, 제도를 만든다고 바로 문화로 자리 잡는 일은 없다.

휴넷의 낮잠 문화도 그런 과정을 따랐다. 대표가 직접 이메일을 보내 전 직원들에게 낮잠을 잘 수 있음을 알렸다. 스스로도 낮잠을 자는 모습을 보여주었다.

"대표님이 낮잠을 주무시니 저도 한결 마음 편하게 잘 수 있어요. 짧은 낮잠 덕분에 오후 시간에 더 집중할 수 있죠."

핵심은 역시 자율이다. 쏟아지듯 졸음이 몰려오는데 책상에 앉아 모니터를 쳐다봐야 일이 될 리 없다. 그럴 땐 차라리 눈 좀 붙이는 게 낫다. 그 판단을 누구 하냐고? 각자가 한다. 직원을 믿으니 그리한다. 자율과 책임의 문화가 뿌리를 내려서다. 그러니 눈치 보지 않고 낮잠을 잔다. 목적지까지 시간 안에 가는 게 중요한 거다. 어떤 옷을 입어야 하는지, 어떤 신발을 신어야 하는지 일일이 지시할 이유도, 필요도 없다.

"처음에는 정말 당황스러웠죠. 팀원이 낮잠 자는 걸 보고 '이게 뭐지?' 싶었어요. 처음엔 옆에서 시계만 쳐다보고 있었죠. '언제 깨워야 하나?' 고민하던 때가 기억나네요. (웃음) 근데 재미있는 건, 알람을 맞춰놓고 진짜 딱 10분 자더라고요. 그리고 눈을 떠서 바로 업무에 집중하는 걸 보고 깨달았죠. 낮잠이 문제가 아니었어요. 중요한 건 일의 성과죠. 팀원이 낮잠 좀 자면 어떤가요? 일만 잘하면 되죠. 자고 있는 게 거슬리는 내 관점이 잘못된 거였더라고요. 지금은 낮잠 자는 걸 보면 그냥 웃으면서 지나가요."

감시 감독 강화는 대리인 문제의 궁극적인 해결책이 될 수 없다. 본인과 대리인의 간극을 최대한 줄이는 게 해법의 핵심이다. 요컨대, 직원을 주인으로 만들어 주는 거다. 휴넷의 낮잠 문화는 직원을 주인으로 만들어주는 문화이자 제도다. 주인이 된 그들은 스스로의 규율에 맞춰 자발적으로 움직인다. 다른 누군가의 일을 대신해주는 게 아니라서다. 그냥 내 일이라서다. 프랑스 나폴레옹 군의 승리도 그래서 가능했다.

중요한 건 '아는 게 힘'이 아니라는 거다. 단언한다. '하는 게 힘'이다.

채용 브랜드:
인재 전쟁의 필승 카드

혁신적인 기술로 업계에 돌풍을 일으켰지만, 이내 인재 부족의 벽에 부딪친 기업이 있다. "기술만큼 중요한 것이 팀이었다. 우리에게 필요한 것은 단순한 직원이 아니라 비전을 공유할 수 있는 동료였다." 창업자의 때늦은 후회의 말이다. 이후 이 기업은 전통적인 채용 방식을 탈피했다. 채용 공고에는 자격 요건뿐 아니라 회사의 미션과 비전을 강조하여 넣었다. 면접 과정에서도 능력과 기술 검증에 그치지 않고, 지원자의 가치관과 회사 문화의 부합 여부를 중점적으로 살폈다. 그렇게 입사한 직원들은 자신의 업무에 자부심을 느끼며, 회사의 성장에 적극적으로 기여했다.

"인재 전쟁에서의 승리는 최고의 인재를 채용하는 것으로 끝나지 않는다. 그들이 최고의 성과를 낼 수 있는 환경을 조성해야 한다. 그게 시작이다."

전쟁이다. 역량 있는 인재를 선점하기 위한 총성 없는 전쟁. 기업들의 '인재 전쟁' 얘기다. 코로나19 이후, 기업들은 디지털과 AI가 빚어내는 새로운 기회를 잡기 위해 혈안이다. 우수한 인재를 끊임없이 찾아 헤매는 이유다. 하지만 인재 시장의 공급은 수요를 따라가지 못한다. 대한상공회의소 자료에 따르면, 국내 기업 98%가 고도의 숙련된 인재 채용에 어려움을 느낀다고 답했다. 가뭄에 콩 나듯 귀한 게 인재인 거다.

인재 채용을 위한 기업들의 노력은 그래서 눈물겹다. 고액의 보상과 복지를 제공하거나, 다양한 채용 채널을 활용하거나, 채용 과정을 단축하거나, 채용 기준을 완화하거나, 인재 육성에 투자하거나, 인재 유치를 위한 마케팅 비용을 늘리는 등 다양한 방법을 시도한다. 하지만 이는 인재 전쟁 승리의 필요조건일 뿐이다. 인재들이 관심을 갖는 것은 급여나 복지, 채용 절차, 채용 기준, 마케팅 메시지만이 아니다.

인재 전쟁 승리의 충분조건을 찾으려면 시선을 높여야 한다. 기업의 문화와 가치, 비전과 목표, 사회적 책임과 영향력, 성장과 발전, 자기 실현과 행복 등. 인재들이 기업에 대한 호감과 신뢰, 애정과 애착, 자부심과 존경, 충성과 헌신, 소속감과 정체성을 느끼게 하는 요소들이다. 바로 '채용 브랜드'다.

채용 브랜드란 기업이 인재들에게 제공하는 가치와 경험, 그리고 그것들이 인재들에게 미치는 영향력의 총체다. 이는 기업의 정체성과 이미지, 명성과 인지도, 차별화와 경쟁력을 결정짓는 요소다. 또한 인재들이 기업에 대해 알고, 느끼고, 생각하고, 행동하고, 말하고, 공유하고, 추천하고, 지지하고, 충성하는 것에 영향을 미친다. 채용 브랜드는 인재들의 기대와 만족, 신뢰와 애정, 헌신과 소속감을 형성하고 강화한다. 나아가 인재들의 행복과 성공, 성장과 발전, 자기 실현과 사회적 가치를 증진시킨다. 요컨대, 채용 브랜드란 잠재 직원을 포함하여 조직의 모든 직원이 직간접적으로 겪은 '직원 경험'의 총합이 빚어내는, 인재 채용과 인재 유지 차원에서의 브랜드 자산이다.

"우리 기업의 채용브랜드는 우리와 함께할 인재에게 우리가 제공할 수 있는 가치와 기회를 명확히 전달합니다. 우리는 단순히 직무기술서를 넘어서, 기업 문화, 성장 가능성, 그리고 우리 팀이 추구하는 비전을 공유합니다. 이런 접근 덕분에, 많은 인재들이 우리 회사에 지원합니다. 업계 최고 인재들은 우리 회사를 '일하고 싶은 곳'으로 여깁니다. 우리는 지원자들에게 그저 월급 받고 일하는 직장이 아니라, 그들의 경력과 개인적 성장을 위한 플랫폼을 제공한다는 점을 강조하지요."

채용 브랜드가 강한 어느 기업 인사담당자의 말이다. 채용 브랜드가 강한 기업은 인재들의 관심과 호감을 끈다. 우수한 인재들을 유치하고, 유지하고, 활용하고, 발전시킬 수 있다. 이는 기업의 성장과 혁신을 위한 견고한 기반이 된다.

"우리 회사는 우수한 인재를 끌어들이기 위한 명확한 채용 브랜드가 사실은 없어요. 많은 경우, 지원자들은 우리가 무엇을 하는 회사인지, 왜 우리와 함께해야 하는지 이해하지 못합니다. 인재들을 설득하기 위해 급여나 기타 혜택을 강조해 보지만, 그것만으로는 충분하지 않다는 것을 깨달았어요. 우리가 경험한 바로, 인재들은 직무의 내용과 급여 외에도 회사 문화, 성장 기회, 그리고 그들의 업무가 회사의 큰 그림에 어떻게 기여하는지를 중요하게 생각하더라고요."

채용 브랜드가 약한 어느 기업 채용담당자의 말이다. 채용 브랜드가 약한 기업은 인재들의 무관심과 반감을 산다. 적합한 인재들을 찾기 어렵고, 임직원들의 이직률이 높고, 생산성과 효율성이 낮고, 혁신과 성장이 둔화된다. 그만큼 채용 브랜드는 기업의 성과와 가치에 직간·적접인 영향을 미치는 중요한 요소다. 기업들이 채용 브랜드 자산 제고에 힘을 쏟아야 하는 이유다.

최근 주4일제 같은 혁신적인 근무 형태가 채용 브랜드의 새로운 경쟁력으로 떠오르고 있다. 그저 출근 일수가 적어서 매력적인 게 아니다. 주4일제는 인재들의 삶의 질과 행복도를 높여, 스트레스와 번아웃을 감소시킨다. 일과 삶의 균형과 조화를 이루게 한다. 주4일제는 인재들의 창의성과 집중력을 향상킨다. 생산성과 효율성을 높인다. 협업과 커뮤니케이션을 강화시킨다. 자율성과 책임감을 부여한다. 동기와 열정을 불러일으킨다. 성취와 만족을 제공한다. 주4일제가 직원 개인의 행복뿐만 아니라 기업의 혁신 성장에도 도움이 된다는 얘기다. 기업의 이미지 메이킹을 위한 단순한 장식 요소가 아니라는 얘기다.

최근 휴넷에 합류한 한 직원의 얘기를 들어보자.

"주4일제를 도입한 이 회사에 합류한 후, 제 삶에 균형이 생겼어요. 한층 여유를 갖게 됐고요. 일과 개인 생활이 조화를 이루게 됐죠. 이전에는 늘 시간에 쫓기는 듯한 느낌이었는데, 이제는 취미를 즐기는 시간, 가족과 보내는 시간이 확실히 늘었어요. 업무시간에는 더 집중하게 되고, 새로운 아이디어도 더 잘 떠오르는 것 같아요. 이런 변화가 저 말고도 동료들 사이에서도 느껴지는 걸 보면, 주4일제가 우리 모두의 창의력과 협업 능력을 높이는 데 큰 역할을 하는 것 같아요. 이런 근무 환경은 제게 단순히 일을 하는 곳 이상을 의미해요. 이 회사는 제가 전문성을 발휘하고, 개인적인 성장을 이루며, 동시에 온전히 삶을 즐길 수 있는 곳이죠. 직원 행복을 철학으로 가진 이런 회사에서 일한다는 게 뿌듯해요."

실제 휴넷의 주요 직군 지원자수를 살펴보면 주4일제 도입 이후 상승세가 가파르다. HRD컨설턴트 포지션의 경우, 2022년 상반기 9.2:1에서 2024년 1분기에는 43.8:1까지 증가했다. 백엔드 개발 포지션도 마찬가지다. 2023년 3월 59명이었던 지원자 수가 2024년 3월에는 131명으로 늘어났다. 무려 220% 늘어난 수치다.

인재 전쟁의 시대에 진정한 승리자가 되고 싶다면 인재를 '자원(Resource)'으로 보는 시각에서 탈피해야 한다. 회사의 미래를 함께 그려나갈 '파트너(Partner)'로 인재를 바라보아야 한다. '도구로서의 인재'가 아니라 '목적으로서의 인재'로 그들을 대하는 거다. 코페르니쿠스적 인식의 전환이 필요한 대목이다. 인재와 기업이 서로의 성장을 위한 동반자가 되는 것, 인재 전쟁의 필승 카드다.

6

미래 일기:
이렇게 일하며 살 날이 코 앞입니다

2040년, 우리는 '유연근무 혁명'의 한가운데에 서 있다. 책상과 테이블, 컴퓨터 가득하던 사무실의 모습은 디지털 혁신의 거센 바람에 무너졌다. 근무라는 개념은 완전히 새로운 의미를 갖는다. 전통적인 근무 방식에 익숙했던 이전 세대와 달리, 더 이상 시간과 공간의 제약을 받지 않는다. 가상 현실, AI, 그리고 글로벌 네트워킹이 빚어낸 새로운 업무 환경 덕분이다.

이른 아침, 잠에서 깨어난 사람들이 가상 현실 헤드셋을 착용하며 하루를 시작한다. 개인화된 디지털 작업 공간이 그들을 기다린다. 이 공간은 사용자의 선호도와 업무 요구사항에 따라 섬세하게 변형되고 조정된다. 디자이너A는 자신의 가상 사무실을 파리 중심가의 아름다운 아트 갤러리처럼 꾸몄다. 프로그래머B는 일본의 고즈넉한 정원을 모티브로 한 사무 공간에서 코딩에 몰두한다. 가상과 현실의 경계가 희미해졌다. 창의력과 생산성은 전례 없는 수준으로 상승했다.

AI 비서는 단순한 일정 관리 역할을 넘어선 지 오래다. 전략적인 파트너이자 미래를 예측하는 능력자로 거듭났다. 복잡한 데이터 분석과 업무 결정에 필요한 예측을 순식간에 제공한다. 덕분에 프로젝트의 성공 가능성이 대폭 높아졌다.

전 세계를 아우르는 긱 이코노미는 이제 일상이다. 재능 있는 프리랜서와 독립 계약자들은 시공간의 제약을 뛰어넘어 프로젝트 기반으로 협력한다. 이러한 협업은 다양성과 유연성을 바탕으로 새로운 아이디어와 혁신을 촉진한다.

"제 소개요? 프리랜서 마케터에요. 일터는 따로 없어요. 오늘은 카페에서, 내일은 집에서, 때로는 해변가에서 노트북으로 작업하죠. 어제는 미국의 한 스타트업과 화상 회의를 했고요. 오늘은 유럽의 한 기업으로부터 프로젝트 제안을 받았어요. 좋은 점요? 자유죠. 세계 곳곳의 다양한 사람들과 협력하며, 내 시간을 관리하고, 내 삶을 내 마음대로 설계할 수 있다는 거. 다양한 문화와 배경을 가진 클라이언트와 일하면서, 새로운 관점과 아이디어를 얻는 것도 좋아요. 긱 이코노미는 이제 단순한 근무 방식이 아니라 삶의 방식이 된 것 같아요."

다가올 미래 사회에서 업무와 개인 생활 사이의 경계는 점점 흐려진다. 사람들은 자신만의 일정을 유연하게 조정하며, 워라밸을 실현한다. 유연근무제와 원격근무의 확산은 직원들의 웰빙을 개선하고, 업무만족도를 높인다. 기업들도 이러한 변화를 수용하며, 건강한 업무 문화와 직원의 행복을 최우선시한다.

변화하는 시대에 발맞춰 평생학습과 상시학습 이슈가 주요 화두로 떠올랐다. 개인과 기업 모두가 지속적인 학습과 자기개발에 열심이다. 새로운 기술을 익히는 것은 필수다. 협업과 커뮤니케이션 능력은 더욱 중요해진다. 기업들은 디지털 전환을 가속화하며, 다양성과 포용성을 중심으로 한 글로벌 협업 문화를 조성한다.

미래의 일터는 기술과 인간의 교감이 빚어낼 새로운 차원의 혁신 공간이 될 것이다. 개인의 업무 스타일과 창의력이 최대한 존중받는, 무한한 가능성의 공간이 될 것이다. 미래의 일터가 만들어낼 사회 경제적 변화는 혁명적이고 파괴적일 거다.

먼저, 교육 시스템의 대대적인 변화다. 가상현실(VR), 증강현실(AR), 혼합현실(MR)에 기반한 학습이 전통적인 학교 교육을 대체한다. 학생들은 세계적인 석학들의 강의를 듣고, 시뮬레이션을 통해 실제 상황을 체험한다. 고대 로마 메타버스로 들어가 로마의 역사와 사회를 배운다. 가상현실 기술을 통해 우주선을 직접 조종하며 과학을 익힌다. 미래 일터가 필요로 하는 창의력과 문제 해결 능력이 교육의 초점이 될 것이다.

일자리 개념도 근본적으로 바뀔 것이다. AI와 로봇 기술의 발달로, 반복적이고 단순한 업무는 기계가 수행한다. 인간은 창의적 사고, 전략적 결정, 감성적 소통에 주력한다. 예컨대, 법률 분야에서는 AI가 사례 연구와 문서 작성을 담당하고, 변호사는 고객 상담과 법정 변론에 더 많은 시간을 할애한다. 새로운 직종이 생겨나고, 기존 직업들도 진화할 것이다.

경제 구조도 재편될 것이다. 디지털 기술에 기반한 네트워킹은 소규모 기업과 개인 사업자의 글로벌 시장 접근성을 대폭 높여 줄 거다. 소설가는 자신의 작품을 온라인으로 직접 출판하여 전 세계 독자들과 다이렉트로 소통한다. 대형 출판사의 독점이 깨지고, 창작물의 다양성이 늘어난다. 긱 이코노미의 확산으로 전통적인 고용 관계는 사그라들고, 프로젝트 기반의 협업이 대세가 된다.

사회는 더욱 포용적으로 변화할 것이다. 다양성이 존중받는 방향으로의 진화다. 원격근무가 보편화되면서 장애를 가진 사람이나 지방 거주자의 근무 접근성이 높아진다. 시골에 사는 프로그래머도 전 세계의 다양한 기업과 협업할 수 있다. 도시에 사는 동료들과 동등한 기회를 누린다. 사회적 포용성의 증진으로 이어지는 지역 간 격차 감소다.

삶의 방식도 근본적으로 달라질 것이다. 사람들은 일과 삶의 균형을 중시하며, 자신만의 속도로 삶을 즐긴다. 세계 각지를 여행하며 일하는 '디지털노마드 가족'이 생겨날 수도 있다. 아침에는 이탈리아 교외에서 일하고, 저녁에는 프랑스 해변에서 휴식을 취하는 식이다. 개인 삶의 질이 높아진다. 글로벌 차원의 다양한 문화 경험을 통해 세계 시민으로의 성장 역시 가속화될 거다.

세상에 나쁜 날씨는 없다. 날씨는 변하게 마련이다. 눈 앞의 현안에 매몰되면 멀리서 다가오는 변화의 폭풍우를 볼 수가 없다. 준비 없이 만나는 비바람은 봉변일 뿐이다. 어슴푸레하나마 미리 그려본 미래 일터의 모습이다.

7

직원 몰입:
조직과 사랑에 빠진 사람들

"뭔가를 기획하고 실행하고 하는 게 너무 신나요. 때로는 체력적으로 힘들 때도 있지만, 업무를 통한 성취감은 이루 말로 표현할 수가 없어요. 매일 아침 출근할 때면 가슴이 설레요."

직장인A는 자신이 맡은 프로젝트에 열과 성을 다한다. 야근은 잦지만, 팀원들과의 성공적인 프로젝트 마무리를 위해 오늘도 열일을 한다.

"솔직히 말하면, 요즘 되게 무기력한 거 같아요. 그저 출퇴근만 하며 허깨비처럼 하루하루 산다고 할까요. 이직을 하고 싶지만, 지금의 안정적인 상황을 포기하기도 쉽지 않고요."

직장인B는 지금 직장에서 큰 만족을 못 느낀다. 머리 속엔 이직 고민만 가득하다. 업무에 대한 열정이 뜨거울 리 없다.

A와 B, 둘 중 누가 더 좋은 성과를 낼 지는 불을 보듯 뻔하다. 직원 몰입, 기업의 성패를 가르는 핵심 요소다. 직원이 자신의 일에 열정을 가지고 적극적으로 참여할 때, 기업은 비약적인 성장을 이룬다. 그럼에도 많은 기업이 직원 몰입의 중요성을 간과한다.

업무 몰입이란 직원이 자신의 일에 완벽하게 집중하고 몰두하는 상태를 가리킨다. 주변 환경이나 시간 흐름과 관계없이 일에 빠져 있는 거다. 일과 내가 하나가 되는 거다. 요컨대, 무아지경이요 물아일체의 경지다. 단순히 급여 인상이나 근무 환경 개선으로 달성될 수 있는 게 아니다. 업무에 대한 열정과 흥미가 높아질 때 자연스럽게 발생하는 현상이다.

업무 몰입이 왜 중요하냐고? 직원들이 업무에 몰입할수록 기업의 생산성이 높아지기 때문이다. 갤럽 조사에 따르면, 몰입도가 높은 직원과 그렇지 않은 직원의 차이가 크다. 몰입도가 높은 직원은 결근율(-37%), 이직률(-25%), 안전사고 발생률(-48%), 품질 결함률(-41%)이 낮았다. 반면, 고객 만족(10%), 수익성(22%), 생산성(21%)은 높게 나타났다. '인게이지먼트 스코어(Engagement Score)'●가 1점 높아지면 영업이익률은 0.35% 상승한다는 연구 결과도 있다. 실제로 업무 몰입도가 높은 직원은 회사나 자신의 업무에 대한 애정이 강하다. 책임감도 높다.

직원의 업무 몰입도를 높이려면 어떻게 해야 할까? '관리'에 중점을 둔 조직문화는 직원들을 단순 업무 수행자로 전락시킨다. 직원들의 자발적인 참여와 몰입을 저해하는 요소다. 불필요한 관행과 규제가 혁신을 저해한다. 상사의 불신과 통제는 직원들의 열정을 빼앗는다. 조직 내 창의적인 아이디어를 고갈시킨다. 중요한 건 신뢰와 자유다. 직원들에게 일정 수준의 자율성을 제공하여 자신의 업무 방식을 스스로 결정할 수 있게 해야 한다. 3M사는 직원 근무시간의 15%를 자유로운 연구개발에 할당해 혁신적인 제품 개발을 이끌어냈다.

두 번째는 직원과의 소통 강다. 직원과의 소통은 명확하고 투명해야 한다. 조직의 비전, 목표, 기대치를 분명히 전달하고, 직원들의 의견과 피드백을 적극적으로 수용해야 한다. 소통 부재는 조직 내 팀워크와 협력을 어렵게 만든다. 리더가 권위적 태도

● **인게이지먼트 스코어**: 특정 기업 직원들의 업무 몰입 수준을 나타내는 지표

로 일관하고 직원들의 의견을 경청하지 않는다면? 직원들의 발언은 줄어들고, 팀 성과는 낮아질 수밖에. 기껏 힘들여 고민하고 생각한 아이디어를 싸늘한 표정으로 리더가 외면한다면 그 일을 계속할 직원은 세상에 없다. 죽이 되든 밥이 되든 그저 시키는 일만 하는 거다. 눈 앞에 천 길 낭떠러지가 있어도 개의치 않고 좀비처럼 가는 거다. 그러니 들어야(聽) 한다. 소통은 말하는 게 아니다. 듣는 거다.

직원 성장도 중요한 이슈다. 교육 기회를 제공하고, 멘토링 프로그램을 운영하며, 경력 개발 계획을 세워주자. 직원들이 업무 관련 기술과 지식을 꾸준히 향상시킬 수 있도록 지원해야 한다. 존중, 신뢰, 협력을 바탕으로 한 팀워크 문화를 조성하는 것도 필수다. 다양성을 존중하고, 직원들의 성과를 인정하고 보상하는 분위기를 만들어야 한다. 정기적인 성과 평가와 지속적인 피드백도 빼놓을 수 없다. 직원들이 자신의 업무 성과를 명확히 인식하고, 꾸준히 개선해 나갈 수 있도록 하기 위함이다. 이 모든 요소가 체계적인 시스템 안에서 유기적으로 작동할 때, 직원들은 자신의 역할과 기여를 명확하게 알게 된다. 일에 대한 애정과 책임감도 자연스레 생겨난다. 직원들의 몰입 역시 저절로 따라온다.

"돈키호테에서 일하면서 진짜 내 일을 하고 있다는 느낌이 들었어요. 내가 직접 상품 진열이나 가격을 정하는 거, 처음엔 어려웠어요. 부담이 컸죠. 근데 내 결정에 따라 고객 반응이 바로 바로 달라지는 걸 보면서, 내가 진짜 중요한 일을 하고 있구나 하는 자부심이 생겼죠. 그러니까 그냥 시간을 때우는 게 아니에요. 그럴 수가 없죠. 내가 성장할 수 있는 기회이니까요."

일본 잡화 유통 브랜드 돈키호테의 '메이트 영업'은 업무 몰입의 훌륭한 예다. 메이트라 불리는 아르바이트생들은 매출 목표와 전체적인 콘셉트만 공유 받을 뿐, 상품 진열과 가격 책정 등 업무의 많은 부분을 스스로 결정한다. 내가 고민하고 내가 결정해서 하는 일이니 남의 일이 아닌 내 일이라는 인식이 직원 몰입의 밑바탕이다. 이러한 자율성과 책임감은 돈키호테를 창사 이래 34년 연속 성장으로 이끈 주요 요소 중 하나다. 작년에는 영업이익이 1,000억 엔을 넘어섰다. 직원 몰입의 힘이다.

국내 주요 기업 인사담당자들은 근로자들이 근무시간의 17%를 사적 활동에 사용한다고 평가했다. 한국경영자총협회가 매출 100대 기업(실제 응답 50곳) 인사 담당자들을 대상으로 실시한 '근로자 업무 몰입도 현황조사'에서 나온 결과치다. 하루 근무시간 8시간 중 매일 1시간 20분가량은 업무 외 딴짓을 한다는 얘기다.

일본 전산의 나가노리 시게노부 회장은 직원을 세 가지 유형으로 분류했다. 시키지 않아도 스스로 불을 지피며 지속적으로 일에 몰두하는 타입, 주변 환경이나 회사 상황에 따라 수동적으로 업무에 몰입하는 타입, 마지막은 어떤 상황에서도 열정을 느끼지 못하는 타입이다. 업무 몰입은 단순한 업무 성과 향상을 넘어선다. 건강한 기업 문화 구축과 직원들의 행복도 제고의 필수 요소다.

우리 조직에는 어떤 타입의 직원들이 많을까? 이 답에 우리 조직의 성패가 달려있다.

워라밸을 넘어
워라인으로

1999년, 다음(Daum)에 합류했다. 30대 초반의 나이였다. 일하는 게 그렇게 재미있을 수 없었다. 오늘은 또 어떤 재미있는 일이 생길까?' 아침에 눈을 뜨면 가슴이 뛰었다. 맡고 있던 마케팅 업무도 그랬거니와, 국내외 유수의 대기업들로부터 다양한 제휴 제안이 쇄도했다. 날마다 야근했고, 주말에도 출근했다. 누구의 지시도, 강요도 없었다. 내가 좋아서 하는 일이니 힘든 줄 몰랐다. 입사 시 내 사번은 52번이었다. 3년여 만에 사번이 1,000번을 넘어섰다. 하루가 다르게 회사가 성장하는 게 눈에 보였다. 그저 신났다. 그저 재미있었다. 새로운 세상을 여는 역사의 한 페이지에 날마다 무언가 써 내려가는 듯한 느낌적인 느낌.

"회사가 그렇게 재미있으면 놀이공원처럼 돈 내고 다녀야지."

당시 팀장님의 농담이었다.

워라밸은 일과 삶의 균형을 의미하는 개념이다. 현대 사회에서 직장인들이 겪는 스트레스와 과로를 줄이고, 개인의 삶의 질을 향상시키기 위해 등장했다. 직장과 개인 생활 사이에서 균형을 찾으려는 노력이 출발점이었다.

수많은 직장인들이 부르짖는 복음 워라밸에는 사실 간과할 수 없는 문제가 있다. 일과 삶을 철저하게 구분하고 대비한다는 거다. '일'은 부정적인 시선으로, '삶'은 긍정적인 시선으로 바라보게 만든다. '부정적인 일'에 매몰되지 말고 '긍정적인 삶'과의 균형을 통해 행복을 찾으라는 게 워라밸에 녹아 있는 의미다.

그렇다면 한번 생각해볼 일이다. 일이라는 게 행복과의 정반대 대척점에 있는 개념일까? 그럴 리가 없다. '일을 통한 자아 실현'이란 표현이 증거다. 예술가는 창작이라는 일을 통해 예술 작품을 만든다. 기업가는 경영이라는 일을 통해 자신의 아이디어와 비전을 현실로 구현한다. 교육자는 가르치는 일을 통해 학생들의 잠재력을 발굴한다. 과학자는 지식의 경계를 확장하는 일을 통해 인류의 이해를 심화시킨다. 모두가 일을 통해 자신의 소명을 발견하고 자아를 찾는다.

재미와 의미, 보람과 긍지로 가득했던 나의 다음 시절을, 워라밸 관점에서 돌아보면 빵점은 커녕 마이너스가 붙어야 할 정도다. 여기 중요한 포인트가 있다. 일과 삶을 철저히 분리하는 게 능사가 아니라는 거다. 일을 통해 삶의 의미를 찾고, 삶을 통해 일의 가치를 발견하는 것이 중요하다는 거다. 우리의 일은 생계유지를 위한 단순한 수입원 이상의 의미가 있다. 개인적 성장과 자아 실현의 수단이 될 수 있다. 일과 삶이 서로를 지원하고 강화하는 관계로 발전할 수 있다. 워라밸의 패러다임을 넘어서는 새로운 접근법 '워라인'이 주목받는 이유다.

워라인(work-life integration)은 일과 삶의 경계를 허무는 개념이다. 두 영역의 조화로운 통합을 추구한다. 스마트폰과 인터넷으로 시공간 제약 없는 업무 환경이 도래했다. 일과 삶의 경계가 흐려졌다. 두 영역을 통합하는 새로운 방식이 요구되고 있다.

다양한 삶의 방식과 가치관이 존중받는 사회 분위기다. 개인 맞춤형 근무에 대한 수요도 늘었다. '9시 출근, 6시 퇴근, 사무실 근무' 방식은 유효기간이 다해간다. 유연한 근무 환경이 업무의 집중도와 창의력을 높인다는, 결과적으로 조직 성과 개선에도 기여한다는 인식이 확산되고 있다. 일에 대한 새로운 관점이 필요한 건 그래서다. 워라밸을 넘어 워라인 개념이 부상한 배경이다.

워라인은 개인의 생활 패턴과 업무 방식에 유연성을 제공한다. 개인 삶의 질을 높이고 업무의 효율성을 개선할 수 있다. 개인의 일과 삶이 서로를 지원하며 상호작용할 수 있는 환경을 조성함으로써, 더 만족스러운 삶과 더 높은 업무 성과를 도모한다.

직원들이 일과 삶을 통합할 수 있도록 다양한 복지 혜택과 유연한 근무 환경을 제공하는 기업으로는 구글이 대표적이다. 구글 캠퍼스라 불리는 사내 공간에는 체육관, 카페, 어린이집 등 다양한 시설이 있다. 직원들이 업무 중에도 개인적인 필요와 건강을 챙길 수 있다. 넷플릭스의 무제한 휴가 정책도 특기할 만하다. 필요할 때 필요한 만큼 자유롭게 휴가를 쓰라는 거다. 이 외에도 원격 근무를 적극적으로 지원하며, 거주지와 상관없이 직원들이 일할 수 있게 만든 기업도 있다. 개인의 취미와 관심사를 업무에 반영할 수 있는 다양한 사내 그룹 활동을 장려하는 기업도 있다. 가족을 돌보거나 개인의 취미 활동을 중시하는 등 다양한 배경을 가진 직원들이 워라인을 선호한다. 조직 내 다양성과 포용성이 따라서 올라간다.

성공적인 워라인 실현을 위해 기업은 어떻게 해야 할까?

먼저, 개인이 자신의 일에 대한 열정과 의미를 발견할 수 있도록 만들어 주어야 한다. 개인의 적성과 흥미를 반영한 업무 선택, 창의적이고 자율적인 근무 환경 조성, 지속적인 학습과 성장의 기회 제공 등이 관건이다.

다음은 조직문화와 정책이다. 유연한 근무시간, 원격근무 허용, 직원 복지 프로그램의 강화 등은 직원들의 일과 삶의 통합을 돕는다. 조직이 직원들의 삶의 질을 중요시하고, 그들의 성장을 지원하는 문화를 조성할 때, 직원들은 일에 더욱 몰입하고 매진할 수 있다.

일을 바라보는 사회적 인식 변화도 중요하다. 일은 단순한 생계 유지의 수단이 아니다. 개인의 성장과 자아 실현의 주요 경로다. 사회 전반적으로 일과 삶의 통합적 접근을 장려하는 분위기가 조성될 때, 개인은 일을 통해 자신의 가치를 실현한다. 삶을 통해 그 의미를 깊게 되새긴다.

워라인은 자신의 업무와 삶에서 진정한 만족과 의미를 찾는 과정이다. 일을 통한 자아 실현은 모든 사람이 추구할 가치 있는 목표다. 업무 몰입의 전제 조건이자 보다 풍요로운 삶을 영위하기 위한 주춧돌이다.

"솔직히 말해서, 워라밸이란 거 해보려고 엄청 애썼는데요, 막상 해보니까 내 삶에서 일을 빼고 나니 남는 게 별로 없더라고요. 일과 삶을 딱 구분한다고 행복해지는 건 아닌 것 같아요. 일을 그저 부정적인 걸로만 치부하고 무조건 적게 하려고 하니까 오히려 스트레스만 받았어요. 내가 좋아하는 일을 내 삶의 일부로 받아들이고, 일을 통해 삶의 의미를 찾으며 살아가는 게 훨씬 더 나한테 맞는 것 같아요. 그제서야 알겠더라고요, 일이 나를 행복하게 만들고, 내 삶을 더 풍요롭게 만든다는 걸요."

워라밸의 기계적인 균형을 찾으려는 시도가 여러가지 차원에서 한계에 부딪친다.

워라밸을 넘어 워라인으로! 일과 삶의 구분을 넘어서야 한다. 일이 곧 삶이고, 삶이 곧 일이다. 내 일을 통해 내 삶이 행복해지고, 행복한 내 삶이 내 일의 성과로 이어진다.

9

기업의 경영 혁신을
법으로 강제한다고?

장면 하나. 2009년, 한식 세계화를 위해 정부가 발 벗고 나섰다. 김치, 비빔밥, 막걸리와 함께 떡볶이를 글로벌 인기음식으로 만들겠다는 프로젝트. 세계 최초로 떡볶이 연구소를 설립했다. 미국과 네덜란드에서 떡볶이 페스티벌도 열었다. 결과는 처참했다. 연구소는 소리 소문 없이 문을 닫았고, 해외 페스티벌은 일회성에 그쳤다.

장면 둘. 10여 년이 지난 지금은 상황이 다르다. 떡볶이를 향한 해외의 관심이 뜨겁다. BTS의 한 멤버가 떡볶이를 먹는 모습이 화제가 됐다. 한 예능프로그램을 통해 해외에서 떡볶이를 만들어 파는 BTS의 또 다른 멤버 모습이 방영되면서 떡볶이는 핫한 아이템으로 부상했다. 식품 기업들의 해외 진출도 이어졌다. 떡볶이 매출이 늘면서 우리나라 쌀 가공식품 수출액이 지금은 2억 달러에 육박한다.

주4.5일제 법제화에 대한 논쟁이 정치권에서 한창이다. 주4일제로 가기 위한 포석이다. 한편에선 주4.5일제 도입을 통해 일과 삶의 균형을 달성하겠다 한다. 또 다른 편에서는 주4.5일제의 달콤한 측면만 부각하는 포퓰리즘이라 지적한다.

주4일제는 근로시간을 주 40시간에서 32시간으로 줄이는 제도다. 이미 전 세계적으로 많은 나라들이 도입했다. 우리나라에서도 일부 기업들이 시행하고 있다. 아닌 게 아니라 빠른 감소 추세에도 불구하고, 한국의 연간 근로시간은 여타 국가에 비하여 길다. 2022년 기준, 전체 취업자의 1인당 연간 근로시간은 한국(1,901시간)이 OECD 전체 회원국 중 5위다. OECD 평균(1,752시간)보다 149시간 더 길다. 주4일제가 노동자의 삶의 질 향상 대안으로 주목받는 배경이다.

적게 일하는 걸 싫어할 사람은 없다. 문제는 다른 데 있다. 급여다. 직원들이 원하는 건 그저 출근일 수를 하루 줄이는 게 아니다. '급여 삭감 없는 주4일제'다. '임금이 줄어든다면 주4일 근무를 하지 않겠다'는 답변이 '임금이 줄어도 주4일 근무를 하겠다'는 응답을 압도한다. 급여가 줄어드는 주4일제는 삶의 질 향상은 커녕 강제 근로시간 단축이나 다를 바 없다. 급여를 줄이면서 주4일제를 도입하자니 직원들이 싫어하고, 급여를 보전하며 주4일제를 도입하자니 기업이 반대한다. 생산성이 20% 감소하거나 인건비 부담이 20% 이상 커지기 때문이다.

최근 주4일제를 도입한 기업들을 톺아보면, 단순한 직원 복지 정책 차원이 아니다. 기업 경쟁력 제고를 위한 전략적 도입이다. 근무일수를 줄여 주4일 일하면 직원 만족도와 기업 이미지, 인재 유치 및 유지, 업무 효율과 생산성 등 다양한 측면에서 플러스 효과가 크다는 판단 때문이다. 그런 판단에 나름의 철학과 소신이 더해져 주4일제를 실시한다. 그러니 주4일로 근무일수를 줄여도 주5일 임금을 기꺼이 지급한다. 그런데 이걸 일률적으로 대한민국의 모든 지역, 모든 규모, 모든 업종의 기업에게 법으로 강제한다? 아마도 엄청난 혼란이 발생할 것이다.

업종과 지역, 규모 등 개별 기업들이 처한 입장과 상황이 모두 다르다. 이를테면, 서비스업이나 제조업 등 24시간 운영이 필요한 업종에서는 주4일제가 현실적으로 어렵다. 또한, 지역 특성이

나 근무 환경에 따라 주4일제가 적합하지 않을 수도 있다. 중소기업이나 스타트업 등 규모가 작은 기업에서는 인건비 부담이 커져 경영에 어려움을 겪을 수 있다. 획일적인 기준으로 주4일제를 강제할 수 없다는 얘기다.

생산성이 올라가고 업무 효율이 높아진다면 기업들이 주4일제 도입을 망설일 이유가 없다. 하지만 직원 복지를 목표로 한 주4일제의 법적 강제라면 이야기가 달라진다. 기업들로선 생존이 걸린 문제라서다. 정치의 영역이 아니라 경영혁신의 영역에서 주4일제가 다뤄져야 하는 이유다.

혁신은 더 나은 가치를 만들기 위한 변화의 기획과 실행이다. 기업 경쟁력 강화와 국가 경제 발전에 필수 요소다. 정부와 민간 차원의 다양한 혁신 활동이 오늘도 진행되는 건 그래서다.

하지만 정부 주도 혁신에는 몇 가지 한계점이 있다. 정부는 시장 변화에 대한 발 빠른 캐치가 어렵다. 복잡한 절차와 관료주의적 특성으로 인해 의사결정 속도도 느리다. 실패에 대한 부담으로 도전적인 시도를 주저하는 경향도 있다. 당위적 목표에 매몰되어 시장의 작동 원리를 거스르는 경우는 또 어떻고. 태생적 한계다.

반면, 민간 기업은 시장 상황을 빠르게 파악하여 유연하게 대응할 수 있다. 실험과 실패를 통한 학습과 그에 따른 개선 과정에도 적극적이다. 혁신하지 않는 기업은 순식간에 나락으로 떨어지기 때문이다. 관료주의적 제약에서도 상대적으로 자유롭다. 창의적 아이디어를 시도하기도 쉽다. 실제 많은 혁신 사례들, 예컨대 인터넷과 스마트폰, AI 등은 민간 부문에서 시작되었다.

답은 쉽다. 정부(정치)는 정부(정치)의 역할을, 기업은 기업의 역할을 하면 된다. 기업들이 주4일제 도입을 적극적으로 검토할 수 있는 환경을 조성하는 것이 정부(정치)의 일이다. 직원들의 삶의 질 향상과 기업 생산성 제고를 위해 부단한 혁신을 이어가는 것이 기업의 일이다.

주4일제는 잘만 운영되면 기업과 직원 모두에게 이로울 수 있는 제도다. 하지만 무조건적인 강제 도입은 역효과를 낳을 수 있다. 주4일제가 단순한 제도와 규정의 차원을 넘어서서다. 기업의 재정 능력과 연동되어서다. 조직문화와 기업 철학의 차원이라서다. 단순하게 일주일에 4일 출근한다고 주4일제가 성공할 리 만무하다.

임금 삭감 없는 주4일제가 정치적 구호가 되어서는 안 된다. 이를 따라가지 못하는 기업은 부득불 해고와 채용 축소라는 카드를 꺼내들 수밖에 없다. 주4일제를 법으로 강제할 수 없는 건 그래서다. 준비된 기업이 자발적으로 선택해야 할 문제다. 단언컨대, 주4일제는 정치 이슈가 아니다. 기업의 경영 혁신 이슈다.

진정한 혁신은 강요로 만들어지지 않는다. 시장의 자발적인 수

용으로 빚어진다. 당위적 목표가 시장을 이길 순 없는 법이다. 앞에서 살펴본 떡볶이 세계화 사업의 두 장면이 이를 웅변한다. 밀어붙인다고 될 일이 아니다. 시장이 찾게 해야 한다.

혁신의 열쇳말은 '밀기(Push)'가 아니다. '당기기(Pull)'다.

인구 절벽 극복을 위한
새로운 처방전

적신호가 켜진 지 이미 오래다. 한국의 출산율이 지속적으로 하락하고 있다. 2022년 합계 출산율은 0.78명으로 OECD 국가 중 최저 수준이다. 2023년에는 0.72명으로 더 떨어졌다. 이러한 저출산 문제의 주요 원인 중 하나는 과도한 노동시간과 열악한 근무환경이다.

한국의 노동시간은 OECD 국가 중 가장 긴 편에 속한다. 2022년 기준, 한국인의 연간 근로시간은 1,901시간이었다. OECD 평균인 1,752시간을 크게 상회한다. 장시간 근무는 개인의 여가시간을 줄인다. 가정생활에 부정적인 영향을 미친다. 맞벌이 부부는 자녀 양육과 가사노동의 부담이 커진다. 자연스레 출산을 기피한다.

많은 연구들은 노동시간과 출산율 사이의 명확한 상관관계를 보여준다. 노동시간이 길수록 출산율이 낮아진다. 부모가 자녀를 돌볼 시간이 부족해서다. 2023년 기준, 주당 근무시간이 48시간을 초과하는 장시간 근로자의 비율은, 한국이 18.9%다. OECD 평균 7.4%보다 두 배 이상 높다. 부모가 자녀와 함께 보낼 수 있는 시간이 적을 수밖에 없다.

주4일제는 이러한 문제를 해결할 수 있는 방안으로 주목받고 있다. 부모가 일과 가정생활을 균형 있게 조화시킬 수 있는 환경을 제공해서다. 주4일제는 부모가 자녀와 함께 보내는 시간을 늘려준다. 가족의 유대감을 강화한다. 출산에 대한 긍정적인 인식을 심어준다.

직장인A는 주4일제가 도입된 후 출산을 결심하게 된 대표적인 사례다. IT 회사에서 개발자로 근무 중인 그는 항상 바쁜 일정을 소화하며 장시간 근무에 시달렸다. 아내와 맞벌이를 하다 보니 자녀 계획을 미루는 일이 반복됐다. 하지만 회사가 주4일제를 도입하면서 많은 게 달라졌다. 주4일제 덕분에 매주 금요일을 휴일로 보낼 수 있게 되었다. 한 주간 쌓인 피로를 풀고, 가족과 함께 보내는 시간이 늘어났다.

"주4일제가 도입되고 나서 제 삶이 180도 달라졌어요. 이전에는 일에 매몰되어 여유가 없었는데, 이제는 몸도 마음도 건강해지고 금요일마다 아내와 함께 미래를 계획할 수 있게 되었죠. 자연스럽게 아내와 함께 아이 문제도 진지하게 고민할 수 있었고, 아이를 갖기로 했습니다. 솔직히 말하면, 예전에는 아이를 돌볼 시간이 없다는 생각에 망설였는데요. 주4일제 덕분에 육아도 돕고 가족과 함께 할 수 있는 시간이 생겼어요. 이제는 아빠가 된 기쁨을 만끽하며 행복하게 살고 있습니다. 주4일제 덕분에 아빠가 될 용기를 얻었어요."

주4일제가 개인 삶의 질을 높이고, 출산율 제고에도 긍정적인 영향을 미칠 수 있다는 것을 보여주는 사례다.

기업 내 가정친화적인 문화를 조성하는 것도 중요하다. 코스메틱 브랜드 '닥터지'로 유명한 기업 고운세상코스메틱은 유연근무제와 가족친화제도를 통해 실제 출산율을 높이는 데 성공했다. 2017년 자율 출퇴근제를 도입하고, 임신과 육아를 지원하는 다양한 제도를 마련했다. 그 결과, 2019년 0.43명이었던 임직원 합계 출산율이 2022년에는 2.70명으로 급증했다. 우리나라 평균 대비 4배 가까운 수치다. 임신 기간 동안은 단축 근로를 허용하고, 육아휴직 기간도 최대 2년으로 늘렸다. 직원들이 일과 가정을 양립할 수 있도록 도와준 정책들이 출산율 증가로 이어졌다. '대한민국 부모가 가장 일하기 좋은 기업'으로 선정된 배경이다. '대한민국 여성 워킹맘이 일하기 좋은 기업', '2023 경기가족친화 일하기 좋은 기업' 등에도 이름을 올렸다.

아닌 게 아니라, 최근 발표된 「여성 경제활동, 생산성 및 소득 불평등과 출산율의 관계」 논문에 따르면, 여성의 경제활동참가율이 증가할수록 출산율도 상승하는 것으로 나타났다. OECD 회원국 중 여성 경제활동참가율이 높은 아이슬란드, 뉴질랜드, 스웨덴의 출산율은 각각 1.82명, 1.64명, 1.67명으로 OECD 평균 출산율인 1.58명을 상회했다. 또한, 근무시간당 생산량 변수도 출산율과 양의 상관관계를 보였다. 요컨대, 여성들이 각자의 일을 통해 사회에 보다 더 많이 참여하고, 시간당 노동생산성이 높아져 일을 하면서도 삶의 질을 유지할 수 있을 때 출산율이 올라간다는 얘기다. 참고로, 2022년 기준 한국의 시간당 노동생산성은 43.1달러다. OECD 회원국 중 하위권이다.

한국의 저출산 문제는 단순한 재정 지원만으로는 해결할 수 없다. 지원금 얼마 더 받겠다고 애를 낳을 부부는 없다. 장기적으로 근로시간을 줄여야 한다. 유연근무제를 확산시켜야 한다. 가령, 출산 후 몇 년 동안은 부모가 70~80%의 강도로 일할 수 있도록 지원하는 것도 방법이다. 부모가 어린 자녀와 보다 많은 시간을 함께 보낼 수 있는 기회를 제공하는 거다. 출산율 제고에 도움이 되는 아이디어다. 핵심은 근무 환경 개선이다. 노동시간 단축이다. 이를 통한 일과 가정생활의 균형 맞추기다.

주4일제는 우리 사회에 혁신적인 변화를 가져올 수 있는 중요한 제도다. 인구 절벽 위기를 극복하고, 지속 가능한 사회를 만들기 위한 해법이 여기 있다. 주4일제에 대한 보다 거시적인 시각이 필요한 이유다.

주4일 혁명의 복병: 그 도전과 응전의 기록

주4일제 챌린지 백서

서애 류성룡은 『징비록(懲毖錄)』을 썼다. 참혹했던 임진왜란의 상황과 실책을 교훈 삼아 다시는 이런 일이 없도록 앞날을 대비하자는 취지였다.

모든 변화에는 부작용이 따르게 마련이다. 휴넷의 주4일 혁명도 예외일 수 없다. 주4일제를 시행하는 과정에서 휴넷이 맞닥뜨린 몇몇 도전 과제와 대응방안, 시사점을 살펴 모았다.

개인의 삶, 업무 생산성, 그리고 기업 문화 전반에 끼친 주4일제의 긍정적 영향과 함께 반드시 짚어 보아야 할 '징비'의 내용들이다.

"퇴근을 못하겠어요"

금요일 오후, 휴넷 사무실. A선임이 불안한 눈빛으로 주변을 살핀다. 시계는 벌써 3시를 가리킨다. "금요일 12시, 업무를 마쳤으면 자유롭게 퇴근하세요." 지난 주부터 시작된 주4.5일제. 정오면 퇴근이 가능하다 하니, 퇴근할 시간이 한참 지났다. 그런데 누구도 움직이지 않았다. 책상 너머 동료들을 살폈다. 할 일이 남은 듯 보이는 몇몇 외엔 눈치를 보며 자리를 지키고 있었다. A선임은 애써 모니터에 시선을 고정했다. 어색하고 무거운 공기가 사무실에 한가득이다.

새로운 제도가 시행되면 적응에 시간이 걸린다. 휴넷이 처음 주4.5일제를 시행할 때도 그랬다. 퇴근해도 되는 상황임에도 불구하고, 주위를 의식하며 자리를 지키는 직원들. 이대로라면 제도 시행의 의미가 없다.

자율과 책임을 강조하는 조직문화와도 거리가 먼 모습이다. 휴넷 경영진은 이를 인지하고 발 빠르게 움직였다. 무엇보다 리더들이 앞장섰다. 금요일 오후 퇴근 시간이 되면 가장 먼저 자리를 떴다. 구성원들과의 소통에도 힘썼다. 제도의 취지와 의미를 알리는 데 주력했다. 다양한 채널을 통해 자율과 책임의 문화를 강조했다. 타운홀 미팅, 부서 워크숍, 1:1 면담 등 형식에 얽매이지 않았다. 경영진의 솔선수범과 적극적 커뮤니케이션은 유연근무제가 안착하는 데에 밑거름이 되었다.

제도는 손바닥 뒤집듯 바꿀 수 있어도 조직문화는 쉽게 바뀌지 않는다.

위 사례는 제도 변화와 문화 혁신이 함께 가야 한다는 것을 보여준다. 주4.5일제는 일과 삶의 균형을 위한 혁신적 시도지만, 제도의 시행만으로는 부족하다. 구성원들의 사고방식과 행동양식이 달라져야 한다. 이는 단기간에 이뤄지기 어렵다.

지속적인 모니터링과 피드백이 필요하다.

리더들의 행동이 무엇보다 중요하다. 제도의 취지를 체화하고 모범을 보여야 한다. 구성원들의 자발적 참여를 이끌어내는 것도 관건이다.

Challenge 2
주4일제의 유연성이 오히려 역효과

B선임은 회의실을 나와 자리에 앉았다. 한숨이 절로 나왔다. 주4일제, 기대에 부풀었건만 현실은 녹록지 않았다. 매주 '마이 데이'를 정하는 과정이 번거로웠다. 매번 리더의 결재를 받는 것도 일이었다. 협업은 엉킨 실타래처럼 꼬여버렸다. 팀원들 각자 다른 날 쉬는 바람에 소통도 어려웠다. 주4일제 시행 초기, 매주 자유롭게 쉬는 날을 선택하게 했더니 생겨난 부작용이었다. 주4.5일제 때는 모든 직원이 금요일 오후에 자유롭게 퇴근할 수 있어서 함께 어울리기도 하고 종종 모임도 가지곤 했다. 동료들 사이에선 "이럴 거면 차라리 예전 주4.5일제로 돌아가자"는 말까지 나돌았다. 자유로운 선택이 오히려 역효과를 불러왔다.

휴넷 경영진은 직원들의 목소리에 귀를 기울였다. 직원들의 의견을 수렴하여 매주 금요일울 '마이 데이'로 지정했다. 마이 데이 선택의 부담과 협업의 어려움을 해소하기 위한 조치였다. 동시에 개인별 사정도 고려했다.

육아나 자기계발 등의 이유로 다른 요일을 희망하는 직원들에겐 선택권을 부여했다. 전체적인 방향성을 설정하되 세부 운영에서는 유연성을 발휘한 셈이다. 시행착오를 거치며 일괄 적용과 개별적 배려의 조화를 모색했다.

제도가 안착하려면 진통은 필연적이다. 중요한 건 구성원의 의견을 얼마나 겸허히 듣고 유연히 대처하느냐다. 제도의 취지와 현실 사이의 간극을 메우기 위한 대응도 필요하다. 일률적인 잣대로 획일화하기보다는 다양성을 품는 포용력이 요구되는 대목이다. 휴넷은 시행착오를 겪으며 점진적 변화의 지혜를 보여줬다.

Challenge 3
프리라이더 이슈의 대두

C책임은 이마를 짚었다. 팀 회의에서 또 다시 프리라이더 이슈가 도마에 올랐다. 주4일제 도입 이후, 일부 직원들의 태만이 도를 넘어섰다. 유연한 근무 환경에선 업무 수행 및 진행 확인이 쉽지 않았다. 성실한 직원들의 불만이 폭증했다. 조직에 불신의 골이 깊어졌다. 이대로라면 업무 성과는 볼 것도 없다. C책임은 깊은 한숨을 내쉬었다. 대책 마련이 시급하지만 마음처럼 쉽지 않았다. 자율성을 훼손하지 않으면서도 책임을 담보할 묘안이 필요했다.

자율적인 유연근무제가 확산되면서 프리라이더 이슈가 빈번하게 떠올랐다. 절대적 수치가 많다는 판단은 아니었지만 간과해선 안 될 이슈였다. 휴넷은 다각도로 접근했다.

우선 직원들의 책임의식 고취에 힘썼다. 업무 공유와 소통을 활성화해 자율적인 통제 환경을 조성했다. 리더들의 적극적 코칭도 병행했다. 리더십 교육을 통해 프리라이더 식별 및 대응 역량도 높였다.

동시에 제도적 장치도 마련했다. 업무 태만이나 저성과 직원은 별도의 성장 프로그램을 통해 개선의 기회를 부여했다. 자율과 책임의 균형을 도모하는 다층적 노력이었다. 동요하던 직원들도 이내 잠잠해졌다.

자율적 근무 제도의 성공 열쇠는 '자율과 책임의 조화'에 있다. 제도, 문화, 시스템이 선순환하는 구조를 만들어야 한다. 직원들이 주인의식을 갖고 책임지는 일상을 설계해야 한다. 단순히 관리 감독과 처벌로 프리라이더를 억누르긴 어렵다. 자발적 참여를 이끌어내는 게 본질적 해법이다. 조직 구성원 모두가 변화의 동력이 되어야 한다. 자율과 책임의 균형을 바탕으로 다각도의 노력을 기울여야 하는 이슈다.

Challenge 4
퇴직률 감소에 따른 조직의 정체

인사 데이터를 살펴보는 D이사의 미간이 찌푸려진다. 주4일제 도입 이후 직원 만족도가 높아졌다. 따라서 퇴사율도 낮아졌다. 인재 유지라는 일반적인 관점에서는 긍정적인 지표다. 하지만 동전에도 양면이 있다. 새로운 인재 유입이 줄면서 조직에 정체의 기운이 감돌기 시작한 것이다. 조직의 역동성이 약화되면서 혁신의 바람도 서서히 잦아들었다. 안주와 타성이 삐죽삐죽 고개를 들었다. 흐르는 물이라야 썩지 않는다. 구르는 돌이라야 이끼가 끼지 않는다. D이사는 딜레마에 빠졌다. 직원 행복과 조직의 성장, 두 마리 토끼를 모두 잡을 방법이 필요했다.

퇴직률 감소는 긍정적인 수치다. 하지만 지나치게 낮아지면 부작용이 나타날 수 있다. 새로운 인재 유입이 줄어들면서 조직이 점차 경직될 우려가 있어서다. 조직의 지속적인 발전을 위해서는 적정 수준의 인재 순환이 필요하다.
다른 것 없다. 인재 유치와 육성에 지속적인 노력을 기울여야 한다. 또한, 내부 인재의 성장과 도전을 독려하는 제도와 문화를 만들어야 한다. 역할 순환, 프로젝트 참여 등의 기회를 제공하여 조직의 활력을 유지해야 한다. 새로운 인재 영입과 기존 인재 육성의 선순환을 통해 조직의 경쟁력을 높여 나가는 것. 모든 조직의 또 다른 숙제다.

조직의 지속 가능한 성장을 위해서는 균형 잡힌 인재 관리가 필수적이다. 우수 인재 유지도 중요하지만, 적절한 수준의 인재 순환도 필요하다. 장기적 관점의 인재 전략이 요구되는 이유다. 외부 인재 영입과 내부 인재 육성을 적절히 조화시켜야 한다. 나아가 직원들이 지속적으로 성장하고 도전할 수 있는 환경을 조성해야 한다.

Challenge 5
뉴노멀의 노멀화

E팀장은 창밖을 바라봤다. 주4일제 시행 초기, 사무실은 열정으로 가득 찼다. 직원들은 자부심이 넘쳤다. 업무 몰입도는 높았고, 생산성이 올라갔다. 하지만 설렘도 잠시, 3개월, 6개월, 1년…. 시간이 흐르면서 서서히 열기는 식어갔다. 일상이 되어버린 주4일제, 긴장감이 사라진 거다. 익숙함이 가져온 안일함이었다. 열흘 붉은 꽃 없다더니 딱 그 짝이었다. 뉴노멀이 노멀이 되면서 드러난 새로운 문제. E팀장은 씁쓸한 미소를 지었다. 변화를 관리한다는 것, 결코 쉽지 않은 일이다.

모두가 머리를 맞댔다. 주4일제의 성과를 지속하려면 끊임없는 동기부여가 필요했다. 제도의 의미와 가치를 되새기는 일, 조직의 숙제였다. 업무 환경 개선, 복지 강화 등의 노력도 뒤따랐다. 무엇보다 상시적 혁신 문화, 즉 혁신의 일상화가 관건이었다. 변화와 개선의 시도를 멈추지 않는 것, 그것이 돌파구였다. 작은 아이디어와 시도들이 모여 큰 혁신을 이루는 문화, 휴넷이 그려가야 할 미래였다.

혁신은 한 번의 이벤트로 끝나지 않는다.

변화의 순간에 머물러선 답이 없다. 지속적인 변화 관리가 성공의 열쇠다. 주4일제의 장기적 성과를 위해서는 부단한 동기부여가 필요하다. 조직은 구성원들에게 제도의 의미와 가치를 끊임없이 환기시켜야 한다.

방법은 하나다. 혁신의 내재화다. 혁신을 일상적인 조직문화로 체화하는 것이다. 작은 변화와 개선을 끊임없이 시도하고 축적해 나가야 한다. 조직 구성원 모두가 변화의 주체가 되어야 한다. 구성원들의 몰입과 열정을 지속시키는 열쇠? 바로 우리의 조직문화에 '혁신 DNA'를 깊게 아로새기는 것이다

주4일제는 단순히 새로운 제도의 시행이 아니었다.
미래를 향한 도전이었다.
휴넷은 그 도전의 선봉에 섰다.
내딛는 걸음마다 난관이 도사리고 있었다.
제도와 현실의 괴리, 개인과 조직의 갈등, 혁신과 안주의 기로.
갈등의 연속이었다. 하지만 멈추지 않았다.
구성원들과 함께 길을 모색했다. 실패를 겪으며 성장했다.
느려도 한 발씩 앞으로 나아갔다.

'사람 중심, 자율과 책임, 혁신의 일상화'
휴넷이 찾은 나침반이다.

휴넷의 주4일 혁명은 이제 막 시작되었을 뿐이다.
그들의 여정은 우리 모두의 여정이기도 하다.
변화의 물결 속에서 길을 찾아가는 모든 조직의 이야기.
휴넷의 경험은 등대가 되어 우리를 비출 것이다.

새로운 시대, 새로운 길을 향한 도전.
우리는 오늘도 나아간다.
느리더라도 지치지 않고, 한 발 한 발!

글을
닫으며

혁신은 말로 완성되지 않는다

1.

전설적인 음악 디바들이 한데 모였다. 인순이, 신효범, 박미경, 이은미가 뭉쳤다. 강력한 카리스마와 뜨거운 열정으로 무대를 씹어먹던 그녀들이 걸그룹 도전에 나선 거다. 인기리에 방송된 KBS 〈골든걸스〉 얘기다.

평균 나이 환갑에 무대 경력 도합 160년. 이들에게 새로운 도전이라니, 해야 할 이유가 없는 일이다. 쌓아놓은 명성을 누리기만 해도 될 일이다. 사실 두려움도 컸다. 되돌릴 수 없는 나이의 흔적과 세월의 굴레 때문이다. 또 그걸 바라보는 사람들의 편견과 선입견 때문이다. 하지만 다시 팔을 걷어붙였다. 자신의 한계를 극복하고, 두려움을 이겨내며, '새로운 나'를 향해 달려가는 여정이 내가 살아있음을 느끼게 해주어서다. 젊은 나이에도 쉽지 않은 칼박 군무, 낯선 리듬과 멜로디의 노래. 온몸으로 부딪히는 도전의 과정이 순탄할 리 없다. 힘들다. 쓰러지고, 넘어진다. 하지만 서로를 다독이며 다시 일어선다. 그 과정 자체가 가슴 벅찬 감동이다.

한 치 앞이 보이지 않는 미래다. 미래를 향한 도전이 두렵고 어려운 이유다. 하지만 끈질긴 노력과 열정이 있다면 이겨낼 수 있다. 〈골든걸스〉가 증거다. 도전은 아름답다. 결과와 상관없다. 편견을 깨고 새로운 도전에 나선 그들. 자신의 한계를 넘어선 그들의 손짓, 발짓, 몸짓 하나 하나가 오롯이 예술이다. 빛나는 기업가정신이다.

2.

휴넷의 주4일제 실험 역시 불가능을 가능으로 만든 도전의 산물이다. 단순히 근무일수를 줄인 게 아니다. 일하는 방식 자체를 바꾸었다. 새로운 가능성을 모색하며 기존 관습에 도전했다. 아직 성공이라고 말할 수는 없다. 중요한 것은 도전과 시도다. 혁신은 끊임없는 도전에서 나온다. 기존 방식에 안주해선 나올 수 없다.

불편함과 불만족은 혁신의 토대다. 과거를 부수고 새로운 현재를 빚어내는 과정이라서다. 기존의 방식을 깨고 새로운 가치를 창출하는 과정이라서다. 행복경영의 철학을 가진 휴넷의 시선은 민감했다. 모두에게 익숙한 주5일제를 다시 들여다보았다. 주5일제가 직원 행복과 기업 성장에 최선의 방식일까? 동의하기 힘들었다. 아니, 동의할 수 없었다.

시장의 불편함, 고객의 불만족은 새로운 기회의 신호다. 그것을 포착하고 해결책을 제시하는 자가 승자가 된다. 애플은 휴대폰 사용자들의 불편함에 주목했고, 아이폰으로 모바일 혁명을 일으켰다. 우버는 택시 이용의 불편함을 해결하며 새로운 모빌리티 시장을 창출했다.

변화는 두렵다. 실패의 그림자가 우리를 짓눌러서다. 하지만 혁신 없이는 살아남을 수 없는 시대다. 실패보다 더 큰 위험은 위험을 감수하지 않는 것이다. 혁신이냐 죽음이냐의 선택 앞에 선택지는 두 개다. 필요한 건 어제의 낡은 방식을 버릴 수 있는 용기다. 미지의 세계로 나아가는 용기다. 휴넷도 움츠러들지 않고 주4일제라는 변화의 발걸음을 그렇게 내딛었다.

미래는 혁신하는 이의 것이다. 변화에 유연하게 대처하고 끊임없이 혁신하는 사람과 기업만이 미래를 주도할 수 있다. 세상은 미래를 향해 오늘도 나아간다. 미래의 문을 여는 열쇠는, 그래서 혁신이다.

3.

혁신의 원천은 기술이 아니다. 사람이다. 리더 혼자가 아닌 구성원 모두다. 혁신은 혁신에 동참하는 모든 이들의 열정과 참여로 완성된다. 함께 빚어낸 조직문화를 통해서다. 구성원들의 마인드셋과 행동 양식이 변해야 진정한 혁신이 가능해진다. 조직 구성원들이 생각하고 행동하는 방식의 변화. 혁신의 출발점은 여기다.

위키백과는 전 세계 사람들이 함께 만든 온라인 백과사전이다. 수많은 사람들의 참여와 노력으로 위키백과는 방대한 양의 정보를 제공하는 유용한 사이트가 되었다. 토요타는 현장 근로자들의 의견을 적극적으로 수렴하고 개선하는 '카이젠' 생산 방식으로 유명하다. 카이젠은 토요타의 생산성을 크게 향상시켰다. 구성원들의 적극적인 참여 덕분이었다. 휴넷의 주4일제 혁신도 다르지 않다. 경영진의 의지뿐만 아니었다. 조직을 사랑하는 직원들 모두의 헌신과 몰입이 혁신의 원동력이었다.

4.

스토리텔링(Story-telling)은 이야기를 전달하는 기술이다. 스토리두잉(Story-doing)은 행동으로 보여주는 예술이다. 스토리텔링이 멈춰있는 스냅샷이라면, 스토리두잉은 입체적인 움직임이다. 〈골든걸스〉는 이 차이를 명확히 보여준다. 그들의 도전이 말로 끝나지 않아서다. 몸으로 실재화되어서다. 휴넷의 주4일제 혁신 실험 역시 그럴 듯한 경영 구호에 그치지 않는다. 시행착오를 두려워하지 않는, 담대한 스토리두잉이다.

"무언가를 하기 위한 가장 효과적인 방법은 그냥 하는 것이다." 여성 최초로 대서양 횡단비행에 성공한 비행사 어밀리아 에어하트(Amelia Mary Earhart)의 말이다. 말에 머물러 현실의 행동으로 옮겨지지 않는 철학과 비전은 울림이 없다. 도전과 혁신은 말로 완성되지 않는다. 관건은 행동과 실천이다.

5.

모든 진보는 변화로부터 나온다. 그러니 멈출 수 없다. 혁신에 마침표가 없는 이유다. 휴넷 '4-데이 사피엔스'의 주4일제 실험 역시 완결되지 않았다. 해결해야 할 과제도 많다. 예상치 못한 장애물도 계속 튀어나올 거다. 그래서 오늘도 나아간다. 주4일제의 성공을 넘어 더 나은 가치를 만들기 위한 새로운 도전이 목표라서다.

보잘것없는 책이지만 많은 분들의 도움과 노력으로 세상 빛을 보게 되었다. 휴넷 조영탁 대표님을 비롯하여 취재에 큰 도움을 주신 인재경영실의 문주희 실장님, 김도영 수석님, 박선영 책임님께 깊은 감사의 마음을 전한다. 부족한 저자 역량을 편집자로서 잘 보완해주신 박주란 수석님도 공이 크다. 무엇보다도 주4일 혁명의 길을 담대히 걸어가는 휴넷의 모든 구성원들에게 경의와 찬사를 보낸다.

미래를 창조하고 싶다고? 감히 이 책을 권한다. 손톱만큼이나마 도움이 될 수 있으면 좋겠다. 다른 것 없다.

혁신 또 혁신할 일이다.

ⓒ 혁신가이드 안영민

4-데이 사피엔스의 행복 혁신 인사이트

주4일혁명
월화수목일일일

1판 1쇄 인쇄 2024년 6월 13일
1판 1쇄 발행 2024년 6월 24일

지은이	안병민
책임편집	박주란
편집진행	최형임
디자인	디박스

펴낸곳	행복한북클럽
펴낸이	조영탁
주소	서울특별시 구로구 디지털로26길 5, 에이스하이엔드타워 1차 813호
메일	bookorder@hunet.co.kr
팩스	02-6442-3962

ISBN 979-11-92815-10-7(03320)

행복한북클럽 은 ㈜휴넷의 출판 브랜드입니다.
Happy Bookclub